JN164531

唯識スタディーズ

高崎直道
Takasaki Jikido

春秋社

スタディーズ 唯識

目次

スタディーズ　唯識

序　章　唯識思想の成り立ち

一　唯識ということ

仏教の心理学

「唯識（ゆいしき）」ということばは皆さまお聞きになったことがあると思いますが、さてその入門となると私にそれをわかりやすくできるかどうか自信はありません。唯識の「識」はわれわれが通常、こころ（心）とよんでいるものをさしており、唯識の学は心の問題を扱っておりますから、たしかにこれを仏教の心理学とよぶことはできます。

ただし、心理学がわれわれがふつうに人間としてもっている心のはたらきを扱っているのにたいし、唯識の学では、われわれのもっている心のはたらきも扱うけれども、それだけではなく日常の心理を超えたところをも扱っている。というより、むしろ、そちらの問題の解決を課題としております。その日常の心を超えたところというのは、さとりの世界、仏さまの世界です。それはわれわれの心のはたらきを抑え、それを変貌、転換させたときに現われてまいります。そういうさとりの世界を目標として、日常の心のはたらきを克服することを課題としている点で、唯識の学をただ心理学というだけではかたておちとなります。

とはいうものの、日常の心のはたらきをのり超えるには、心のはたらき、メカニズムをよく知らなければならないというわけで、唯識の学では、ほかの仏教の諸派に比べて、もっとも深くわれわれの心の分析につっこんでいる――それはちょうど今日いうところの深層心理学的心理分析に匹敵するものがある――ことは事実です。

もうひとつちがう点があります。心理学ではむしろわれわれの知覚というか、感覚的にとらえられるものを、おもに扱います。知情意でいうと情と意を扱いますが、知の問題は、教育心理学などで知能の問題として課題になりますが、われわれの知的活動の範囲はたいへんに広く、心理学だけではカヴァーしきれないものがあります。そのなかで、認識論とか論理学とよばれている領域、つまり哲学的な思考の問題に関する部分が、唯識の学ではより強いように思われます。それはやはり「識」ということばが使われていることと関係があります。

仏教では一般に「こころ」を表わすことばとして、「心」と「意」と「識」という三つを挙げます。そして、この三つは基本的には同義語とみなしています。しかし語源から見ると、少しずつ意味も用法もちがいます。そのうちで「識」というのは知るという意味で認識論的意味あいが強いのです。これにたいし、「意」はおもう、考えるという意味で、情意的な機能を表わします。他方、「心」はそういう知的および情意的なはたらきの起こる場というように近く、なんとなく実体的に見られがちです。

なお、ついでに申しあげますと、仏教でいう「識」は「六識」といって、眼・耳・鼻・舌・身・意の六つの領域に分けて説かれるのが一般ですが、これは眼などの五つの感官を通じて知るはたらき、つまり、知覚とか感覚とよぶべきものと、「意識」とを含みます。この最後のものが判断とか推理などの認識機能を表わします。唯識の学がとくに「識」の字をえらんで用いているのは、心のはたらきを知覚・推理の両面を含んだ認識機能にありと見たことによるといえましょう。

ただし、あとから本論で詳しく述べることになると思いますが、識の機能のなかに情意的な機能も含め、現実の心のはたらきの背後にある潜在的な心の動き、つまり潜在意識を問い、そこに問題解決の鍵を見出そうとしたところに、仏教のなかでの唯識の学の特色が見出されます。

以上、唯識の「識」について、その扱う範囲など説明いたしましたが、次には「唯」ということの意味にもふれておかなければなりません。この「唯」はただ識のみということで、現在、唯物論とか唯心論という時とまあ似たような用法です。ただし、これは明治になって西洋の哲学用語を訳す時、たまたま仏教に「唯心（ゆいしん）」という教え（「三界（さんがい）唯心」『華厳経（けごんきょう）』）があったので、アイディアリズム（idealism）をそれに近いと見て唯心論とよんだものです（つまり、唯〜という現代語の用法は仏典の用法にもとづくと思われます）。そもそも「唯識」はこの「三界唯心」と深い関係があるのです。これについても、いずれお話しすることとなるでしょう。

さてしからば、「ただ識のみ」とはどういうことか、これは本書のテーマなのですが、その本論に入るまえに、この唯識の思想が仏教の歴史のうえでどういう位置をしめているのかということを、序論として述べようと思います。それに関連して、まず入門的な参考書を挙げておきます。

参考書案内

まず最初に、春秋社で出版された『講座大乗仏教』全一〇巻というシリーズがありますが、その第八巻が『唯識思想』となっていて、私が編集を担当し、七、八名の専門家にテーマを決めて執筆していただいたものです。講座という性質上、研究者のために現在の学界の研究状況を知らせるという役目も担っておりますから、多少堅苦しい点もありますが、入門的要素も多分にもっております。

私はその巻頭で、全体の導入部として「瑜伽行派(ゆがぎょうは)の形成」という題で書いています。この「瑜伽行派」ということばはこれからもしばしば出てまいりますが、これは唯識思想を育くんだ人々の学派で、空観(くうがん)を説く中観派(ちゅうがんは)とならんで、後代のインド大乗仏教の二つの流派をかたちづくっております。「瑜伽行」とはヨーガの実践という意味ですが、その原語ヨーガーチャーラにはもう一つ、「瑜伽行をする人」「ヨーガの先生」という意味もあります。玄奘はこれを「瑜伽師」と訳しています。この瑜伽師たち（自分たちをそうよんだグループ）のあいだで唯識思想が生まれたのです。

　瑜伽行派などといってもなじみはないでしょうが、この派の学説は日本でいうと法相宗に相当します。「法相」というのは法すなわち教えのすがたということで、仏の教えを体系的に組織した学問（これをアビダルマとよびます）の課題です。法相宗ではこれを『倶舎論』（『アビダルマコーシャ』）によって学びますが、唯識の学もやはり、法相を扱い、ただそれに大乗的な解釈を施している（大乗のアビダルマを自称する）ので、唯識を学ぶために、『倶舎論』をまず勉強するのが便利でもあり、不可欠でもあったのです。そういうわけで、法相宗は倶舎・唯識の学を伝えることを任務としてきました。

　法相を学ぶことは、いわば仏教の基礎学でしたので、江戸時代には、いろいろな宗旨の坊さんたちが、法相の学を修得するために、法相宗のお寺——興福寺とか法隆寺、薬師寺などに出かけたようです。とくに法隆寺は法隆学問寺といわれて、仏教大学の役目を果たしていたのですね。

　ところで、この法相の学、とくに唯識の学となると、そうなまやさしいものではない。よく耳にすることに「唯識三年、倶舎八年」ということばがありました。これは「桃栗三年、柿八年（梅はすいすい十三年）」にまねてできた句なのかどうか、よく知りませんが、その意味について、私が学生時代に唯識学の大家、結城令聞先生からお聞きしたところでは、「倶舎論の勉強を八年間すれば、唯識は三年でわかる」という意味なのだそうで、なんのことはない、唯識の学をマスターするには十一年はかかるということです。

　したがって、唯識の入門をといっても、入門の入門のそのまた入口ぐらいになってしまうでしょうし、私自身、唯識を十一年もみっちりやったという自信もありませんので、不十分なお話になるのも、やむをえないと思います。ともかく、唯識は難しいという宣伝が効きすぎているせいか、唯識の入門書もそう多くはないのです。

　そこで話をもとに戻して、私の論文はこの唯識学を伝える法相宗の源流としての瑜伽行派の形成史をたどって、その課題とし目標としたことを探ったものですが、その中味はあとでお話しするところと一緒になりますので、紹介は省きます。

もうひとつ、もっと手頃な入門書として、これも私の関係している叢書ですが、角川書店で昭和四十三年ごろ出版した『仏教の思想』全十二巻というシリーズがあります。その第四巻に『認識と超越〈唯識〉』という題で、京都大学（当時）の服部正明さんと上山春平さんのお二人が書いています。第一部の著者服部さんはインド哲学の専門家で、インド思想の観点から唯識思想を眺めています。一方、第三部の著者上山さんはもともと西洋哲学畑の方ですが、この頃はずっと日本の思想、文化のことを手掛けておられますから、日本の伝統としての唯識法相の学という側面から書いています。第二部でこの二人が対談しているのがこの本の構成で、全体としてわかりやすいよい入門書と思います。

服部さんは、その叙述を夢の喩えを導入としてすすめています。これは世親（せしん）の『唯識（ゆいしき）二十論（にじゅうろん）』という本にもとづいて書いているのですが、それはこういうものです。私たちが夢を見ていると、いろんな場面に出会います。懐しい人が出てくると、覚めてから、ああ夢かとがっかりする。しかし、たいていはおそろしい目にあうことが多くて、ああ夢でよかったとほっとする。ときにはうなされたり、冷汗をかいていたり、いろんなことがあります。しかし、夢みている最中は夢だとは気付かないで、真剣になって、喜んだり、こわがったりしています。

インドの大学者で唯識の学を大成した世親にいわせると、私たちの日常の世界というのは、われわれが夢の中で経験している世界と同じ、虚妄なものだというのです。夢から覚めないかぎり，夢とわからないように、私どもがしがみついているこの世のこと、お金も恋人も、人生すべては、われわれはそれを真実だと思いこんでいるが、お釈迦さまから見れば虚偽のもの、たよるべからざるものなのです。しかし、これはさとらないかぎりは気付かない。

夢の喩えはよく考えるとおかしなところがあるのですが、「比喩は一分」といって、百パーセント同じということはないので、その似ているところだけを取ればよろしい――文字どおり、われわれが真実を見るように、覚醒を促しているわけです。

もうひとつ、唯識説を説明するのに有名な喩えがあります。それは「一水四見（いっすいしけん）」（あるいは「一境四心（いっきょうししん）」）といって、ものは見る立場によって変わるということを教えています。われわれは水を見ると、もちろん水と思い、冷たいとか、飲み物であると見るわけです。しかし、魚にとっては水は住みかです。それから餓鬼（がき）——餓鬼というのは飢えた死霊ということで、子孫の供養を受けられない死者ですが、かれらにとっては水がみな膿に見えてしまうといわれています。さらにもうひとつ、天すなわち神々はこれを宝殿と見るというのです。これも、餓鬼とか天とか現代の人には信じ難いからわかりにくいかもしれませんが、われわれの常識的な見方をただひとつの真実とする固定観念をなくすことが眼目です。現代ならもう少しちがった喩えも可能でしょう。

　要するに、われわれがものを見るとき、目の前にあるものが実在であり、それをそのあるがままに見ていると思っているけれども、実際にはそのような固定的なものが存在しているわけではなく、しょせん、それはわれわれの心によって見られたもの、主観—客観の関係において存在しているにすぎないのだ、ということを言わんとしているのです。これが「唯識」ということのひとつの意味です。そして、唯識説では、われわれの日常的な見方を転換して、仏さまの見方をもつことを勧めているのです。

　さて、もう一人の上山さんがよりどころとしているテキストは、法相宗の聖典『成唯識論（じょうゆいしきろん）』ですが、これは、同じ世親の作である『唯識三十頌（ゆいしきさんじゅうじゅ）』の注釈です。『成唯識論』

は玄奘の訳で、伝統的に利用されていますから、訳語はなじみやすいというむきもおありかと思います。しかし若い方には、インドのテキストから直接に現代語に訳したほうがわかりよいでしょう。ただ、現代語訳は訳者によってみなちがいますので、私どもは便宜上、つい伝統的な漢訳を符牒のように使ってしまいがちです。

このほかお薦めしたい本に、横山紘一（こういつ）さんの『唯識の哲学』（平楽寺書店、サーラ叢書）があります。横山さんは立教大学で教えている中堅の仏教学者で、伝統的な唯識法相の学にも詳しい方ですが、この本ではユングやフロイトの学問と比較することから、唯識説へ導入しています。

さきほどの喩えでは、かならずしも深層心理学的な見方はうかがえませんでしたが、われわれの心の動きのなかに、表面的なものと潜在的なもののあることを説いたのは、仏教では唯識説が最初です。少なくとも体系的に説いたという点では、ほかには見出せません。西洋では現代になってはじめて、フロイトたちによって分析されたわけで、それとの比較は、現代人にとってはたしかに理解しやすい導入法といえましょう。なお、横山さんの本も『唯識三十頌』を手がかりとして、深層心理ともいうべきアーラヤ識の分析を行なっているものです。

岡野守也氏の『唯識の心理学』（青土社）は『唯識三十頌』をテキストとして「トランスパーソナル心理学的な視点から」唯識の教えを「人間成長のガイドブック」として読むことを目標としています。文字どおり現代風な読み方（「読み換え」）を試みていますが、よくこなれていてわかりやすい。現代的課題にこたえる書として一読を薦めます。

多川俊映師の『唯識十章』（春秋社）は伝統的な法相宗の唯識学を現代的に解説した書で、唯識教学の基本（玄奘訳『成唯識論』にもとづく）をていねいに説明してあるので、伝統的な術語に慣れるためにも一読を薦めます。著者は法相宗大本山興福寺の住職を務めておられます。さきの岡野氏が伝統外の立場にあって、トランスパーソナル心理学という現代の先端的学問から眺めているのと対蹠的です。

つぎに、唯識説をその成立から『成唯識論』に至るまでの歴史的展開を視野に入れ、しかも現代的意義を念頭において解説した野心作として、竹村牧男さんの『唯識の構造』（春秋社）を挙げておきたいと思います。

また、唯識説をさらに深く知りたい方たちには、長尾雅人『摂大乗論・和訳と注解』

上下（講談社）をぜひ読んでいただきたい。これは言うなれば、唯識説についてのインド学的チベット学的研究の成果です。もちろん入門書ではないから、読むのに辛抱を要します。

最後に唯識の原典の翻訳を紹介しておきます。それは、中央公論社の出している『大乗仏典』（インド篇）全十五巻の一冊として出ている『世親論集』です。この中に、さきにちょっとふれました『唯識二十論』や『唯識三十頌』も入っております。そのほか『三性論』と『中辺分別論』が入っています。

「三性」というのは唯識の学の基本的な学説で、さきほど申しあげました、ものの見方に、三つの立場があるというもので、重要な柱の一つです。次の『中辺分別論』というのは、仏教の標榜する中道を明かすことを目的としているテキストで、どれが「中」で、どれが「辺」すなわち両極端（二辺）かを弁別するという意味です。本書はこのテキストを手がかりにして、唯識説への導入をしたいと思っております。

二　唯識思想の成り立ち

唯識の思想家たち

インド仏教の中で唯識思想がどういう位置をしめているか、それが本節のテーマです。入門書の紹介でだいぶページをとりましたが、いまからこの主題に入ることにします。さきほどの紹介で、たまたま唯識学の大成者である世親の名が出ましたので、ここでは世親からはじめて——といっても実際は歴史をさかのぼって——唯識説の形成史を簡単に述べてみたいと思います。

こう申しあげましたところで、さっそく厄介な問題にぶつかります。世親がいったい、西暦で何世紀の人なのか、これについて四世紀という説と五世紀の人という見方があるのです。いまは碑文そのほかの歴史資料から推定し、仏教での伝承とからみ合わせて、後者すなわち五世紀説のほうが有力ですが、四世紀説も捨てきれないものがあります。学者によっては二人の世親説を立てた人もいます。ともあれ、四、五世紀のグプタ朝に生を享けた人であるというあたりで我慢しておくほかはないでしょう。古代インド人はあまり細かい年代にかかずらわなかったようで、釈尊の年代にしても二通りも三通りも伝承があり、学者の説もいまもって確定しかねているほどですから。

さて、この世親、インド名はヴァスバンドゥといいます。「世間の身内、親戚」といった意味ですね。この人はもとはいわゆる小乗仏教の人です。――この小乗というのは大乗仏教からの貶称ですから、今日ではなるべく使わないようにしていて、学問の世界では部派仏教、保守的伝統的仏教などとよんでいます。――北インドの、現在はパキスタン領に入るペシャワールは、昔はプルシャプラ（丈夫城）とよばれ、クシャーナ帝国の首府のあった町ですが、そこで生まれ育ち、その地方で勢力のあった有部（説一切有部）で出家した（あるいは経量部であったかもしれません）。とにかく有部のアビダルマ教学を勉強し、その成果をさきほど挙げた『倶舎論』という書物にまとめました（正式の名は『阿毘達磨倶舎論』、有部の学説の綱要書）。

ところで世親には兄さんがいて、その名を無著、インド名でアサンガといいました。無著もやはり小乗の教団で出家したのですが、早くから大乗に転向して、いまお話ししている唯識の学を修めました。その無著に勧められて、世親は後で大乗に転向します。こうして、大乗の論師となって無著に学び、いろいろ無著の著書などの注釈を書いたほかに、さきほど挙げた『唯識二十論』や『唯識三十頌』などを著わして、独自の学説を展開したのです。

そのほか、世親は『十地経』や『法華経』などの大乗経典の注釈も著わしております。『無量寿経』の注釈もあって、これは中国、日本では『浄土論』とよばれて、尊重されております。中国浄土教はこの『浄土論』の注釈を書くところからはじまったのです（なお、この書では世親の名は天親と漢訳されています）。

インドの仏教史のなかでは、しかし、なんといっても、『唯識二十論』『唯識三十頌』を作ったことが大事で、世親によって唯識の学説は大成され、そのあとは世親の著作に注釈を書くのが主な仕事になったようです。『成唯識論』もそうした注釈の一つなのです。また、法相宗で、『成唯識論』と並んで『倶舎論』を勉強したのも、どちらも同じ著者の作だからということでうなずけるでしょう。事実、『三十頌』と『倶舎論』には共通した考え方が見られます。

ところで、世親は兄さんから唯識の勉強を教わったと申しましたが、ではその無著が唯識説をはじめて説いた人かというと、そこにまた問題があります。法相宗の伝承などによりますと、無著は唯識説を弥勒菩薩（みろくぼさつ）から教わったといわれています。この弥勒菩薩という方は、五十六億七千万年の後に、この世に仏となって出現するが、いまはその候補者で、お釈迦さんの後継（あとつぎ）たるべく、兜率天（とそつてん）という天界に住んでおられると信じられている菩薩です。無著は夜な夜な兜率天に昇って弥勒菩薩から唯識の学を教わったとも、弥勒菩薩が毎晩、無著の住んでいるアヨーディヤーに降りて来て、無著に教えたともいわれておりますが、いずれにしても、無著はその聞いたところを翌日、人々に伝えた。それが『瑜伽師地論（ゆがしじろん）』であり、また『中辺分別論』などの論典であるというわけです。

この神話的な伝承をどう解釈すべきか。ひとつには、これは無著が唯識という新しい学説を人々に説くにあたって、その権威を天上の菩薩の名に借りたのだろうと見るものです。もちろん、伝統に従って、神話をそのまま事実と信じる立場もありますが、もうひとつ、この伝承は元来、無著が確かに誰か先行の論師から教えを聞いたことを示しているのであって、その論師の名がたまたま天上の菩薩と同じ弥勒（マイトレーヤ）だったので、後に神話的な説明が生まれたのであろう、つまり、無著の師匠が弥勒論師という人物であったろうと推定する見方も成り立ちます。

この説を最初に主張したのが故宇井伯寿（ういはくじゅ）博士で、宇井先生は瑜伽行派の唯識説の伝統を弥勒—無著—世親という三代にわたる発展として、歴史的に順序立てられました。この弥勒論師の史的実在説は一時広く受け入れられましたが、その後チベットと中国の弥勒伝承のくいちがいなども明らかになるに及んで、そう簡単に決めかねることになりました。

この問題もまた、これにかかずらうと説明が長くなるので、これくらいでやめますが、今日、私どもとしては——あるいは私の個人的見解としては——弥勒という特定個人にかかずらう必要はないのではないか、それよりも、誰からはじまったかはわからないけれども、瑜伽行派の古い伝統があって、そういうなかで、その学説が『瑜伽師地論』というかたちでまとめられてきた。——この『瑜伽師地論』は原題が『ヨーガーチャーラ・ブーミ』で「瑜伽行の階梯」といった意味です。——その伝統の最後の伝え手が弥勒という名であったとしてもかまいませんが、ともかく、無著の背後にはかなり長い歴史があったと考えるわけです。そして、チベットの伝承を勘案して、『瑜伽師地論』を百巻の現存するかたちで編集したのは無著であったと見たいのです。

無著には『摂大乗論』という紛れもない自著もありますが、そこに引用されているテキストとして、このほか『解深密経』とか『大乗阿毘達磨経』といった経典、『大乗荘厳経論』や『中辺分別論』(いずれも詩の形で書かれた本論——「頌」とよばれています——のみ)などがあって、これらもやはり、なんびとかによって作頌されたものと考えるわけです。こういうことは、ただ、それぞれの作品の内容から判断して、教理の発展をその歴史の次第と推定しているだけですが、いまの情況では、そのあたりで満足しておくほかはありません。

最古の唯識文献

そこで『瑜伽師地論』に話をもどして、それが瑜伽行派で一番古いテキストであったというところからくりかえしましょう。ヨーガーチャーラ、あるいは瑜伽師というグループはかなり古い伝統があったようで、例の有部の基本的なテキストであった『大毘

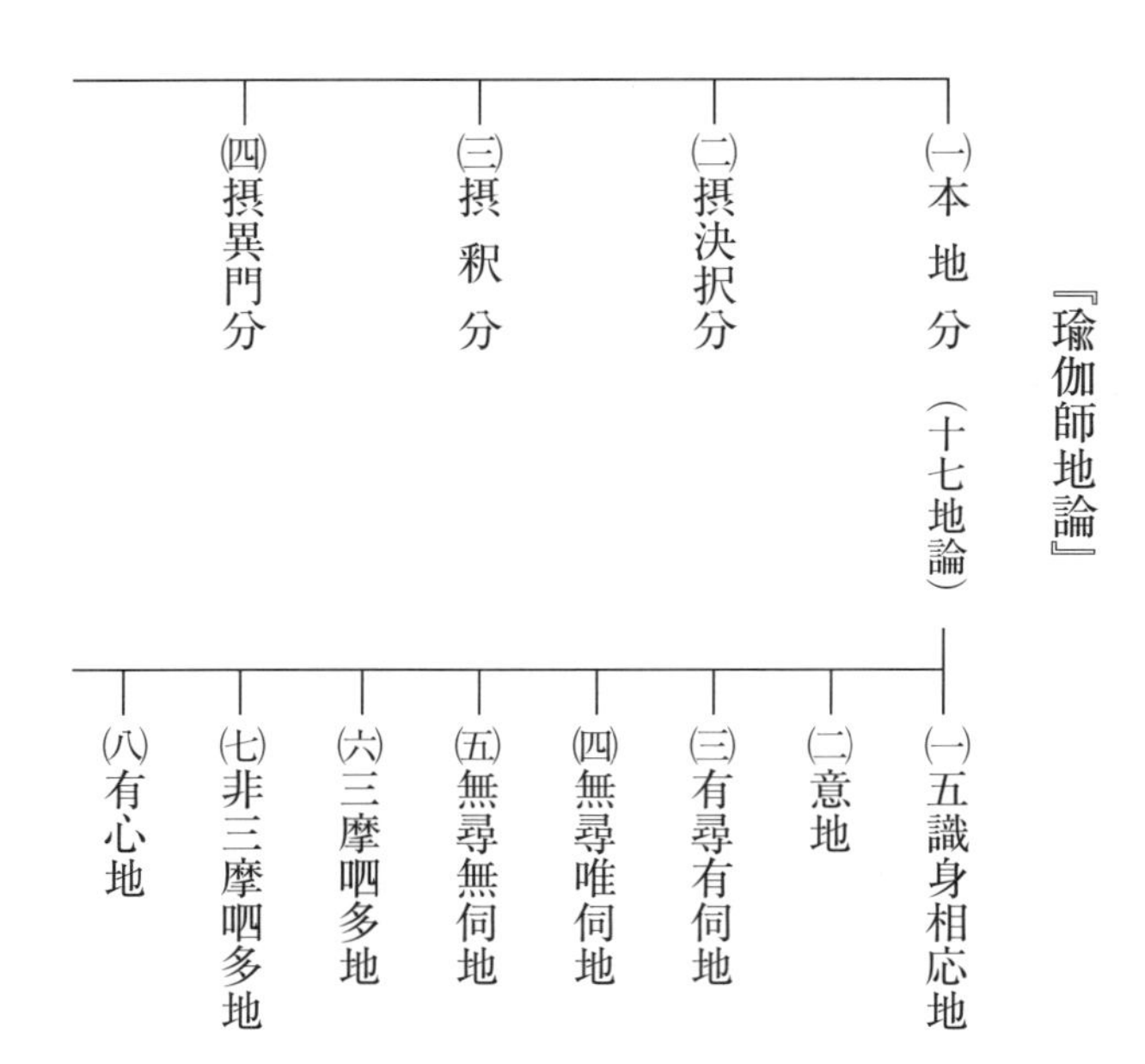
『瑜伽師地論』
(一)本地分（十七地論）
(二)摂決択分
(三)摂釈分
(四)摂異門分
(一)五識身相応地
(二)意地
(三)有尋有伺地
(四)無尋唯伺地
(五)無尋無伺地
(六)三摩呬多地
(七)非三摩呬多地
(八)有心地

(五)摂事分

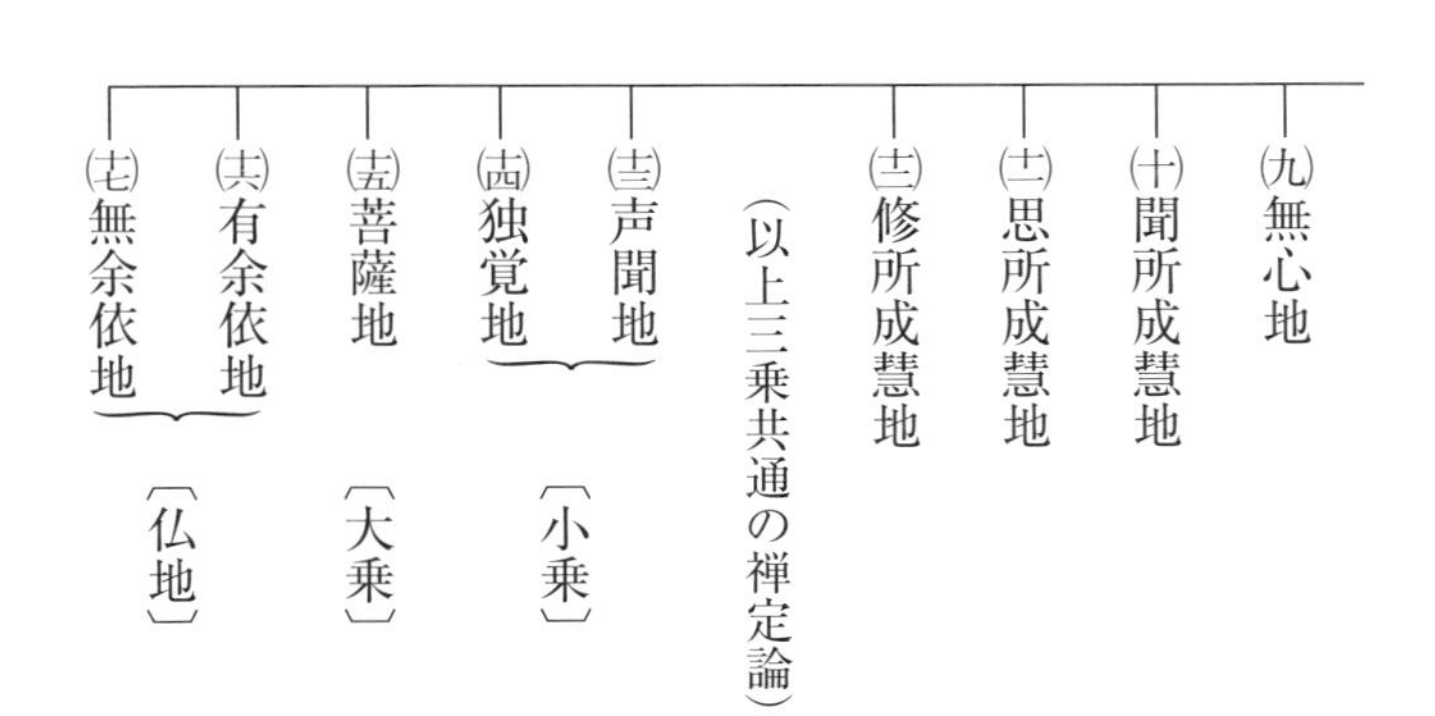

(九)無心地
(十)聞所成慧地
(十一)思所成慧地
(十二)修所成慧地
(以上三乗共通の禅定論)
(十三)声聞地
(十四)独覚地
〔小乗〕
(十五)菩薩地
〔大乗〕
(十六)有余依地
(十七)無余依地
〔仏地〕

婆沙論』にも、正統派とはややちがった立場をもつ瑜伽師の主張というのがときどき出てきます。もちろんその人たちは大乗ではないのですが、後々までの有部などと親しい瑜伽行派の立場から見て、その古い瑜伽師の伝統のなかで、『華厳経』などの大乗の経典を受け入れた人たちが、やがて大乗の瑜伽師として成長していったのではないかと推定されます。

『瑜伽師地論』は玄奘の訳で百巻という大部のものです。その前半五十巻は「本地分」とよばれ、十七種類の「瑜伽師の階梯」が説かれています。その構成は少し複雑ですが、一番基本となるものとして、『声聞地』（シュラーヴァカ・ブーミ）すなわち、弟子の道の階梯を説く部分と、『菩薩地』（ボーディサットヴァ・ブーミ）といって、大乗の菩薩の修行のあり方を説く部分があります。『声聞地』は要するに有部に近い部派の瑜伽師の修行論で、これを受けながら、大乗的に改訂したのが『菩薩地』ではないかと思われるのです。

菩薩の階梯としては『華厳経』の十地の説がとり入れてあり、また実践の徳目として六波羅蜜などが基礎になっていますから、これらが後の組織された瑜伽行派の学説につらなることは確かですが、まだ、唯識とかアーラヤ識のことは出てきません。（アーラヤ識のことは『瑜伽師地論』でもほかの種類の階梯を説くところには出てきますので起源は古いようです。また後半の「摂決択分（しょうけっちゃくぶん）」ではアーラヤ識の論証などが主な議題となりますが、これはやや後の発展した段階を示すものと思われます。）

ところで、この『菩薩地』とほとんど同じ主題群をもつ別のテキストがあります。それが『大乗荘厳経論』です。このテキストの表題マハーヤーナスートラ・アランカーラは「大乗の経典の飾り」といった意味で、瑜伽行派の主張するところを大乗の諸経典から援用することによって、その学説の正しさを権威づけようとしているものと考えられます。そして、そのなかには唯識とか三性説といった瑜伽行派独自の学説がだいぶ説かれるようになります。しかしまだ十分に組織化されているとはいえません。『菩薩地』と『大乗荘厳経論』の対応関係を次頁に表にしておきます。

もうひとつ注目すべきことは、『菩薩地』と『大乗荘厳経論』が共通して標榜していることとして「摂大乗（しょうだいじょう）」、つまり「大乗のまとめ」（マハーヤーナ・サングラハ）ということがあります。瑜伽行派は大乗仏教の中ではおくれて成立したグループですから、そ

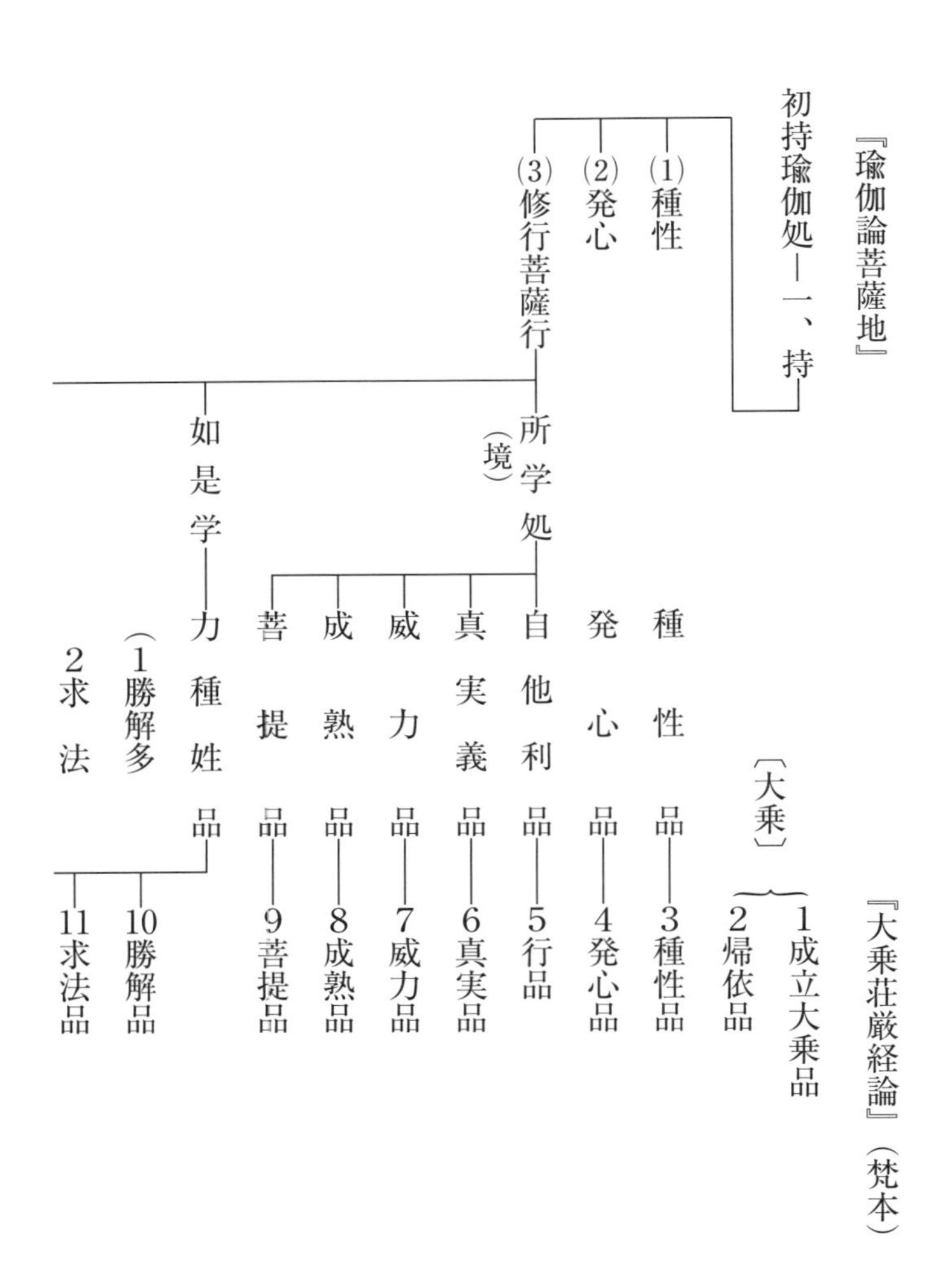

『瑜伽論菩薩地』
初持瑜伽処—一、持
(1)種性
(2)発心
(3)修行菩薩行
所学処（境）
種性品
発心品
自他利品
真実義品
威力品
成熟品
菩提品
如是学
力種姓品
（1勝解多
2求法
『大乗荘厳経論』（梵本）
〔大乗〕
1成立大乗品
2帰依品
3種性品
4発心品
5行品
6真実品
7威力品
8成熟品
9菩提品
10勝解品
11求法品

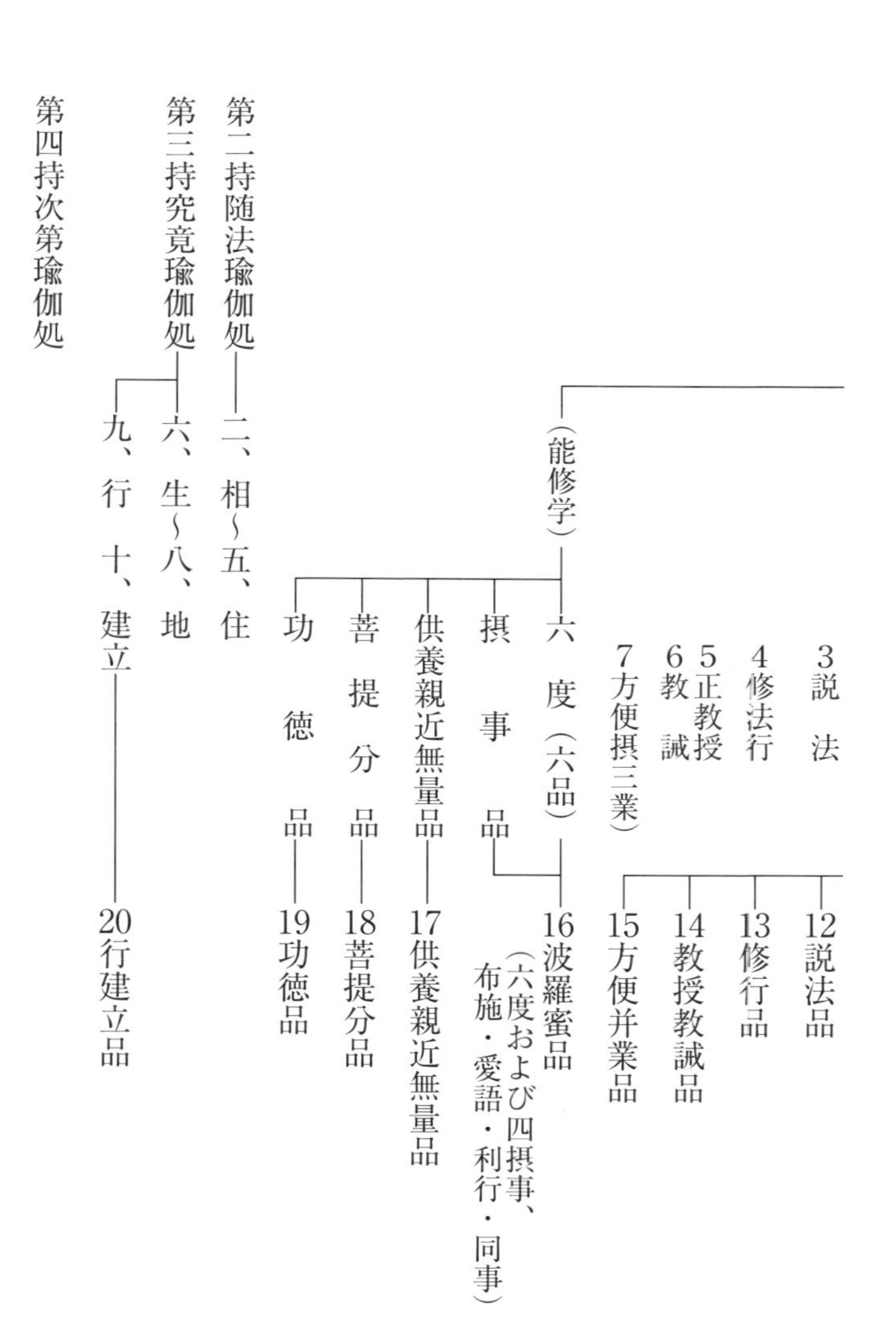
3説法
4修法行
5正教授
6教誡
7方便摂三業
12説法品
13修行品
14教授教誡品
15方便并業品
（能修学）
六度（六品）
摂事品
供養親近無量品
菩提分品
功徳品
16波羅蜜品
（六度および四摂事、布施・愛語・利行・同事）
17供養親近無量品
18菩提分品
19功徳品
第二持随法瑜伽処
二、相〜五、住
第三持究竟瑜伽処
六、生〜八、地
九、行十、建立
20行建立品
第四持次第瑜伽処

れまでに存在した大乗の学説を継承、総合することを看板としていたということです。この「摂大乗」ということが、ほかならぬ無著の主著のタイトルとなるのです。つまり、無著はこの問題意識を先行者からひきついでいったことが知られます。この無著の『摂大乗論』についてはいずれあとでまた触れます。

さて『瑜伽師地論』の後半五十巻は、「摂決択分」「摂釈分（しょうしゃくぶん）」「摂異門分（しょういもんぶん）」「摂事分（しょうじぶん）」という四部を含みます（「本地分」と合わせて、全体が五分より成っています）。いまそのいちいちの説明は省きますが、このなかで一番大事なのが「摂決択分」で、そこでは「本地分」で説かれたなかで重要な教理や、問題点についての決択すなわち確定した学説を提示しております。そこで、まえに触れたようにアーラヤ識の存在論証などが説かれるのですが、最後に面白いことに『解深密経』という経典のほとんど全文が引用されているのです。

唯識の経典

いったい経典というものは仏説とされておりますが、大乗経典の場合にはその成立に先後のあることは御承知と思います。この『解深密経』というのは瑜伽行派だけで用いている経典で、その内容はまさに唯識思想そのものです。それで、誰が見てもこの経典が瑜伽行派の手でつくられたものであることは明白なのですが、ではいつごろ成立したか、『瑜伽師地論』との先後関係はどうか、ということになると、そう簡単には決まらない。

これは私の推測ですが、『瑜伽師地論』の材料となった一番古い部分として『声聞地』があり、それを受け、また、ほかのアーラヤ識についての説なども容れてできあがったのが『解深密経』だろうと思われます。もちろん「摂決択分」よりは古い。しかし『菩薩地』とのあいだでは、ちょっと先後は決めかねる、といったところです。とにかく『菩薩地』よりも、また『大乗荘厳経論』よりも、唯識説を主題とするという問題意識ははるかに明確で、まことに瑜伽行派の「所依の経典」とするにふさわしいものです。

ではどういう点が、唯識思想独特かといいますと、この『解深密経』は玄奘訳で見ますと、「序品」以下八品より成っていますが、そのうちで、第三「心意識相品」、第四

『解深密経』（玄奘訳）	『摂大乗論』（玄奘訳）	『三十頌』	頌番号
1序品	総標綱要分		
2勝義諦相品			
3心意識相品	所知依分（アーラヤ識）	三種転変	1
		アーラヤ識	2〜4
		意（染汚意）	5〜7
		六識	8〜16
		一切唯識	17〜19
4一切法相品 5無自性相品	所知相分（三性）	三性	20〜22
		三無性	23〜25

6分別瑜伽品　入所知相分（入唯識性）　入唯識性　26〜28

7地波羅蜜多品　彼入因果分（六波羅蜜）

彼修差別分（十地）

増上戒学分
増上心学分　（三学）
増上慧学分　……転依　転依　29

果断分（無住処涅槃）

8如来成所作事品　彼果智分（仏三身）　無漏界　30

「一切法相品」、第五「無自性相品」、そして第六「分別瑜伽品」という中心部分がそれにあたります。そのほかの諸品、序品は別として、第二品は「勝義諦相品」といって、大乗仏教通有の、究極の真理（勝義諦）の特質を説く部分、第七の「地波羅蜜多品」は十地と六波羅蜜を説く部分、実践論で、これは『菩薩地』などと共通するテーマ、そして、第八の「如来成所作事品」は『華厳経』の「如来性起品」と同じ十種の主題による仏陀論（ただし内容は両者異なる）で、瑜伽行派としての特色はあるけれども、唯識説を直接説いているわけではありません。『解深密経』、『摂大乗論』、『唯識三十頌』の対応関係を表にしておきます。

さて、この中心部分の四章のうち「心意識相品」で、アーラヤ識が日常の意識の背後にあって過去の業を担う存在として描かれています。次に「一切法相品」では、迷悟によってものの相は三種あるとする三性説、そして「無自性相品」はその三性説が実は「一切法無自性空」という前代に確立した大乗の教えの「解深密」（サンディ・ニルモーチャナ）すなわち、『隠された意味（深密　サンディ）の解明（ニルモーチャナ）』にほかならないことを明かしております。つまり、「無自性相品」は、この『解深密経』の意図を述べている重要な箇所です。

ちょっと簡単に説明しますと、三性とは、

㈠　第一はわれわれが日常、常識的に考えているようなもののあり方で、それを「われわれの分別によって見られた性質」という意味でパリカルピタ・スヴァバーヴァとよびます。唯識思想の立場からいうと、このあり方はまちがったもの、あやまって執われた見方なので、玄奘の訳ではこれを「遍計所執性（へんげしょしゅうしょう）」と訳しております。現代的には「仮構されたあり方」とよんだらよいでしょう。

㈡　次は右のあやまった見方を離れて正確にいうと、ものはすべて他に縁って生じている、すなわち縁起しているのであって、これを「他に依っているという性質」という意味でパラタントラ・スヴァバーヴァとよび、玄奘訳は「依他起性（えたきしょう）」と訳しております。

㈢　第三は「完成されたあり方」という意味でパリニシュパンナ・スヴァバーヴァとよばれ、玄奘は「円成実性（えんじょうじっしょう）」と訳しています。これはさとったときのものの見方ですが、これが「ものは真実においては無自性・空である」ということにほかならないと『解深密経』は言います。

そこに無自性と三性のつながりが知られるわけで、そこからひるがえって三性を見ると、遍計所執性は、そのすがた（相〈そう〉）が真実でないという意味で「相無自性」、依他起性はその生起が他者に依っている、すなわちそれ自体にもとづいていないという意味で「生無自性」、そして円成実性は、真実には（勝義〈しょうぎ〉には）無自性という道理そのものという意味で「勝義無自性」とよんでいます。この三性説はいずれまた、何度もくりかえし説明することとなると思います。いまはちょっと、その場所ではないという気もいたしますが、いちおうの説明をさせていただきました。

さてこの「解深密」というのは、いわば瑜伽行派の立場を宣言したもので、具体的には竜樹〈りゅうじゅ〉（ナーガールジュナ）によって確立された大乗仏教の基本説たる、すべての存在は無自性のゆえに空であるという主張を自分たちは継承するが、その意味を明瞭に解くことをもって任務とするものだということです。同時に、それは前代の説を不完全（未了義〈みりょうぎ〉）だとして批判し、みずからを完全な説（了義〈りょうぎ〉）として自負してもいるのです。最後に「分別瑜伽品」で、瑜伽行の具体的方法としての唯識観を教えております。

右の三つのこと、すなわち㈠アーラヤ識、㈡三性説、そして㈢唯識観という三つが、その後の唯識の学の三つの柱となっていくのですが、そして、これはあとで述べる『摂大乗論』の組織のところで説明するつもりですが、『解深密経』の段階では㈠のアーラヤ識のことはまだごく簡単に述べられているだけです。しかしその問題意識が、アビダルマ仏教学からの課題であったところの、無我であるのにどうやって過去世の業が今世につながっているのか、という問題にたいする解答として考えられていることが知られます。これにたいし、㈡の問題はいまさっき申しましたように、大乗仏教での課題の解明という意義を担っており、またそこに経典の主眼のあったことが経題の「解深密」ということから知られます。しかし、この二つの課題においては、「唯識」ということはまだ直接には説かれておりません。そのことをはじめて主張するのが、㈢の唯識観によってなのです。

禅定としての唯識観

実はこのことは唯識ということが瑜伽行の実践のなかから生まれた見方だったということを暗示しているのではないかと思われます。まえにも申しましたように瑜伽行派の人たち、つまり瑜伽師たちは禅定実践の専門家たちですが、それが大乗仏教を受け入れたとき、独自の禅定の方法として工夫したのがこの唯識観だったろうということです。もちろん、ある意味では仏教の教理はすべて禅定の体験のなかから生まれたものであり、禅定の実践を通じて体得されることを目的としておりますが、とくに瑜伽行派としては独自の禅定方法の確立が大事であったと思われます。唯識の学説は理論が緻密なだけに、とかくこの実践目標としての唯識観の達成のことが忘れられますが、そして、後代の学説は文字どおり「識説（しきせつ）」（ヴィジュニャーナ・ヴァーダ）の色彩を強くしていくのですが、本来の目的からいっても、その出発点が禅定としての唯識観にあったことは間違いないでしょう。

しかし、なぜ、唯識観なのか。これも推測の域を出ないのですが、おそらくは『華厳経』「十地品」の例の「三界唯心」「十二因縁分はただ一心に依る」という教説にたいする工夫としてはじまったのだろうというのが私の推測です。同時にまた、この「三界唯心」説の解明のために、識の説も一切法の三性の説も不可避的に結びついて考究されることにもなるのです。

この「分別瑜伽品」の唯識観について、そのさわりのところを読んでおこうと思います。（玄奘の訳を挙げ、カッコ内に現代語の意訳を添えておきます。）

世尊（せそん）よ、諸々の毘鉢舎那（ビパシャナ）の三摩地（サマジ）の行（ぎょう）ずる所の影像（ようぞう）あり。

（世尊よ。修行者たちが禅定に入っていろいろの観法を修習しているとき、その観の内容として心に影像（イメージ）が現われる。）

毘鉢舎那（ヴィパシュヤナー）というのは、「天台の摩訶止観（まかしかん）」などというときの「止観」の「観」にあたります。「止」は奢摩多（シャマタ）といい、心の動きを止め安定させること、「観」はそれにたいし、ものを正しく観ることです。「止」が禅定、「観」が般若を表わすとも解釈できますが、一般に仏教の禅定、ヨーガの実践ではこの二つは双修されますので「止観」とあわせていうわけです。同時に両者の区別もあって、ここでは「観」の仕方について問題としているのです。「観」の実例としては、たとえば『般舟（はんじゅ）三昧経』（「般舟」とは「目のまえに仏のお姿を立たせる」という意味のことばの音写語）など、禅定の中で阿弥陀仏にお会いすることを説いております（『観無量寿経』の「観」も同じ意味であろうと思います）。

三摩地はサマーディ、三昧つまり禅定ですが、ここは禅定においてはたらく心作用を言っているようです（あるいはチベット訳を参照すると、上の「毘鉢舎那」は「観」そのものでなく、観行者の意味のようです。そうすれば「観行者が三昧を行ずるときに現われる影像」の意味となります）。その禅定中の心に現われるイメージ、これを問題としています。

彼とこの心とまさに異ありと言うべきや、まさに異なしと言うべきや。
（その影像と、それを観る心とは別異と考えるべきか否か。）

その禅定の中でうかんだイメージと、そのイメージする心とは同じか別か、と弥勒菩薩が世尊に質問しています。それにたいする答え、

善男子よ、まさに異なしと言うべし。

（善男子よ、それは別異ではないと言うべきである。）

何をもっての故に。かの影像はただこれ識なるによるが故に。

（なぜかといえば、その影像はただわれわれの意識の現わし出したもの〔＝識〕にほかならないからである。）

さきほどの夢の話と同じです。禅定中に出てきたイメージはただ自分の心、識の現われにすぎない。漢訳の「識」に相当する原語は実は二つあります。一つは認識するという作用を表わす語でヴィジュニャーナ、もう一つはヴィジュニャプティといって、知らせるはたらき、あるいは対象を現わし出すはたらき、もしくは、その現わし出されたものを意味します。ここの識はチベット訳を参照すると、あとの方、すなわちヴィジュニャプティ、それも現わし出されたものの意味です。影像は心が現わし出したものにほかならない、というわけです。

善男子よ、われ、識の所縁は唯識として現わさる、と説けるが故に。

（善男子よ、わたくしが説いたとおり、われわれの意識の対象となるもの（識所縁）は、ただ意識の現わし出したもの（唯識）として示されるからである。）

この文中、「識の所縁（しょえん）」とある場合の「識」は、チベット訳を参照すると、ヴィジュニャーナで、その所縁とは認識の対象、知られるものをいいます。正確にいえば認識のよりどころとなるものという意味です。次の「唯識として現わさる」（唯識所現）は、これもチベット訳で見ると、唯だヴィジュニャプティのみによって示される、顕示されるという意味で、まえの「ただこれ識」（唯是識）とあったのと同じ語です。そして、この二例が『解深密経』で「唯識」（ヴィジュニャプティ・マートラ）という語が使用された最初の用例です。

ここまでは夢の中の体験と同じで、心と影像はひとつだということは理解できましょう（実際の禅定中で、思ったとおりの影像を現わし出す——たとえば阿弥陀仏の像など——容易なことでないでしょうが、理論的には納得できる）。問題はそのさきです。

世尊よ、若し諸々の有情に、自性として住するところの〔影像〕、色等を縁ずる心の行ずるところの影像あり。彼とこの心ともまた異なきや。

（世尊よ、世間の人々が固有の状態をとって外界に存在していると思っているところの影像、すなわち、いろやかたち（色）などを対象として心がはたらいているときに現われる影像がある。それ（客観）とこの心（主観）ともまた別異ではないのでしょうか。）

「自性として住する」とは外界に存在するものの意。外界にある形あるもの（色）などを対象としている心に現わし出された影像が、心と同じなのか異なるのか、という質問です。いまここに机があると認識する場合、そこに机が実在するから、そこに見えているのであって、机の形や色などは、外界の机に属していると、われわれの常識は考えますね。つまり、机と心は別であり、いま現われている影像は心とは異なると思っています。ところが、世尊の答えは、善男子よ、また異あることなし。而も諸々の愚夫は顚倒して覚するに由りて、諸々の影像において如実に唯だ是れ識なりと知ること能わず、顚倒の解を作す。

〔善男子よ、それもまた別異ではない。ただ世間のおろかな人々は、誤って知覚するので、諸々の影像は唯識の現わし出したものにすぎない、ということを如実に知ることができず、〔外界にものは実在するという〕誤った理解をしているのだ。〕

仏さまから見ると、われわれの常識的理解はまちがった知覚によるもの、すべてはただ現わし出されたものにすぎないのに、そのことを如実に知らないのだということになります。これはなんとも難しいことです。このことを正しく知ること、さとることこそが、唯識説の教えが目標としていることなのです。

空思想の継承

唯識思想の歴史を世親から無著へとさかのぼり、さらにその源流をたずねて、『瑜伽師地論』に至りました。そして今度はそれからくだって、無著が先行する瑜伽行派の人から受けたと考えられる聖典として、『瑜伽師地論』のほかに、『大乗荘厳経論』の詩偈、および『解深密経』の名を挙げ、それらのテキストに見られる問題意識の流れをテキストの組織（品あるいは章だて）を比較して概観を試みました。

そして、唯識の学の内容を構成する三つの柱、アーラヤ識と三性説と唯識観の実践が主題としてはじめて組織的に述べられている聖典として、『解深密経』について、その内容を少しばかり紹介し、とくに唯識観の実修を瑜伽行派の眼目・出発点として、やや詳しく説明しました。

無著に先行する――正確に言うと、『摂大乗論』に引用されている――もう一つの論典が本書でテキストとして使おうとしております『中辺分別論』です。したがって、その内容は本論で詳しく見ることになりますが、唯識の思想の展開を概観するという目的からいうと、ここで少しその組織にふれておく必要があります。

『中辺分別論』（マディヤ・アンタ・ヴィバーガ）は玄奘訳では『弁中辺論』と申します（『中辺分別論』は元来、真諦訳のタイトル）。この「弁」（辨）の字でわかるとおり「分別」はここでは弁別、区別するという意味です。この中と辺の弁別というのは仏教でいう「中道」とはなにかという問いと、唯識の説がまさにその中道にほかならないという主張を示しております。同時にそこには大乗の空観を中道と宣言した竜樹のあとをうけて、唯識の学もまた、その空性の立場に立っているのだということを標榜しているわけです。

その意味で、これは『解深密経』が、『般若経』の「一切法無自性義」(じつは竜樹によって確立された無自性空の教義)を継承して、これを三つの無自性義に開き、それをもとにして三性説を立てたのと同じ、大乗仏教の展開における唯識の学の意義と位置を示そうとしているものとみなすことができます。したがって、『中辺分別論』は唯識の学の三つの柱のうちでは(二)の三性説が中核となっているテキストと見うけられます。同時に唯識観の達成が説かれていることはもちろんですが、識の機能の分析という点では、まだ十分に進んでいないようです。

この識の分析、アーラヤ識論はこのあと『摂大乗論』、そして世親の著作へと次第に精緻の度を増すことになるのです。ともあれ、序論の最後に、無著の『摂大乗論』の中で三つの柱がどのように組織されているかを眺めてみることとしましょう。

唯識説の体系化

『摂大乗論』は大乗仏教のすぐれている点（勝相）を十種の方面から説くと宣言しています。その十相というのは、玄奘訳を用いると、㈠所知依、㈡所知相、㈢入所知相、㈣彼入因果、㈤彼修差別、㈥増上戒学、㈦増上心学、㈧増上慧学、㈨果断、㈩彼果智とあります。

なにやら普通の仏教常識では見なれない用語が多くてとまどいますが、まず、所知依、所知相などという場合の「所知」とは文字のうえでは「知られるもの」あるいは「知られるべきもの」という意味（真諦の訳では「応知」）で、一切法のこと、したがって「所知相」は唯識の学説では「三性」として示されるものをさしています。

その三性として知られる一切法のよりどころ、三性のあり方をあらしめる根拠というのが「所知依」の意味でして、これが具体的にはアーラヤ識、およびその顕在化した機能としてのマナスや六識を意味しています。そのはたらきに依って一切法が知られ、また、そのはたらき方に応じて、一切法が三つのあり方において知られるということです。

おおまかに言って、所知が認識の対象（あるいは認識の内容）、所知依が認識の主体の問題で、唯識というのは、この認識の主体と認識の対象との関係をどう考えるかという点に関して、瑜伽行派が与えた解答といってよいでしょう。

第三の「入所知相」、所知の相に入るというのが、この唯識ということ（唯識性　ヴィジュニャプティマートラター）をさとること、それになりきることを意味しています。すなわち、この主題は唯識観の実修を内容としています。

こういう次第で、最初の三項が、唯識の学の三つの柱に相当します。三項全体にわたって「所知」が共通主題となっていますから、三性説を基本として組み立てられているものといえます。このことは、もの（一切法）をどう見るかという仏教に一貫する課題——ブッダは「ものは縁起している」と教え、竜樹はそれを「一切法は空である」と解釈した——にたいし、瑜伽行派としてどう考えるかが関心事であったこと、そして唯識すなわち「一切法はただ識の現わし出したもの」というのがそれにたいする解答であったということを示しています。

ただ、竜樹の場合とちがっていたのは、そのように一切法を見る主体の問題をわざわざ取り上げたということで、それが第一の「所知依」の別出となっているわけです。しかもその認識の主体たるものが一切法とは別ではない、という主張、つまり、唯識ということが両者を別出したうえで確認されるという仕組みなのです。

　さて、この三つの柱を基礎として、『摂大乗論』はさらにそれ以下の諸項に論をすすめます。そのうち、まず、「彼入因果」という「彼」とは所知相すなわち唯識性で、それに入るための実践修行の因と果、というのがその意味です。具体的には六波羅蜜の実践がそれです。これは大乗仏教一般の基本的な実践課題たる六波羅蜜――六波羅蜜というのは布施、持戒、忍辱、精進、禅定、般若（智恵）という六種の波羅蜜、究極完全な状態、あるいはそれによって彼岸に到達できるような超越的な徳行――をさしています。菩薩の修行としての六波羅蜜は『瑜伽師地論』の『菩薩地』や『大乗荘厳経論』でも重要な主題として取り上げられていました。『解深密経』の「地波羅蜜品」も同様で、ここもその継承です。

　その次の「彼修差別」の「彼」は右の六波羅蜜のことで、六波羅蜜の修行によって菩薩は次第に修行の階位が進んでいく、その上下の差異、次第というのが、この項の名の意味です。そして具体的には菩薩の十地を取り上げています。つまり、『華厳経』の「十地品」に説く、歓喜地（極喜地）などの十地で、これも大乗仏教に通有の説といってよいでしょう。これもまた六波羅蜜と同様、『菩薩地』以来主題となっていることです。

次の三項、すなわち増上戒学、増上心学、増上慧学というのは、別の形での修行論で、仏教に通有の修行の三種目、戒と定と慧の三学に相当します。ただし、それに「増上」と形容詞をつけたのは、「附加的な」、あるいは、「さらに深められた」というような意味で、とくに大乗としての三学を意味しているようです。具体的にいうとそれぞれ「菩薩の律儀」と「首楞厳三昧そのほかの各種三昧」および「無分別智」のそれぞれをさします。「菩薩の律儀」というのは『瑜伽師地論』で示された「三聚浄戒」――摂律儀戒、摂善法戒、饒益衆生戒（摂衆生戒）をいいます。また「無分別智」は般若波羅蜜にほかありませんが、瑜伽行派独自の解釈が加わっています。

以上の修行の果として示されるのが次の二項、「果断」と「彼果智」で、これはそれぞれ、「その修行の果としての断惑」、同じく「果としての証智」ということです。前者は涅槃、後者は菩提に相当するのですが、涅槃に関してはここでは菩薩の理想的なあり方としての無住処涅槃、すなわち、智恵（無分別智）によって生死に住らず、慈悲によって涅槃に住らないという境位を内容としております。

一方、果智の方は仏身論で、大乗の諸仏の本質論として、自性身と受用身と変化身という三身の説を述べております。この三身説は基本的には『大乗荘厳経論』に示されているのと同じです。このうち、「自性身」（スヴァバーヴァ・カーヤ）とは仏の本質、本体ということで、いわゆる法身（ダルマ・カーヤ）、すなわち、法そのものとしての仏、さとりによって法と一体となった状態をさしています。いわば仏の根源態です。「受用身」（サンボーガ・カーヤ）というのは、そのさとりを得て、法を享受し、また、そのあと浄土に在って菩薩たちに法を説いて、かれらに法を享受させている仏たちということで、極楽世界の阿弥陀仏など十方の諸仏をさします。いわゆる報身に相当します（報とは、修行によって得た果報の意と解されています）。三番目の「変化身」（ニルマーナ・カーヤ）というのは目に見えない法身が形を伴なって現われたものということですが、直接には娑婆世界すなわち穢土に住むわれわれ衆生のために姿を現わした釈迦如来のことをさしています。

仏とはなにかということについて考えることは大乗仏教が最初から問題としていたことで、その結果として阿弥陀仏などの浄土の仏が説かれ、その永遠、無限に、またどこにでも現われて衆生を救う点で、無量寿、無量光（無礙光）と名づけられています――あるいは釈迦の入滅は方便でじつは永遠に霊鷲山にあって法を説きつづけているのだという『法華経』の説が生まれたりしましたが、そういう仏身論の一つの結論として、このような三身説が瑜伽行派の人たちの努力で確立したわけです。

以上、ごらんになったように最初の三つで唯識説、次の五項でその唯識性をさとるための修行論、最後の二つがその修行の果という次第になっています。この三つの次第は、境・行・果、あるいは教・行・証という三部として論典において一般的に採用される方式で、『摂大乗論』は唯識説をその教えの基本に据えつつ、大乗仏教が課題とするところを包括した論典、つまり、唯識説にもとづく大乗仏教概論とよぶことができるでしょう。これはまさに無著の主著であり、唯識説の最初の組織的な解説と評価すべき作品です。

世親はこの無著のあとをうけて、無著から教わった『大乗荘厳経論』や『中辺分別論』そして、無著の著わした『摂大乗論』に注訳を書いたほか、さらに自著の『唯識二十論』『唯識三十頌』によって、唯識説を大成するのですが、そのとくに力を注いだ点は、『摂大乗論』においてなお不十分であったアーラヤ識の問題、総じて識の機能に関する諸問題でした。このことは、『唯識三十頌』が『解深密経』や『摂大乗論』とほぼ同じ配列の内容をもちながら、識の問題について半分以上の十九頌を費していることから知られるでしょう。そういうわけで、識の問題については『唯識三十頌』にしたがって解説を加える必要が出ると思われますが、『中辺分別論』を読んだあとでふれることにいたします。

第一章　虚妄分別とはなにか

一　中辺分別論

これからいよいよ『中辺分別論』のテキストを読むことといたします。使用する『大乗仏典』本はいわゆる弥勒造といわれる本頌（カーリカー）すなわち、詩句で書かれた基本テキストに、無著を通じてこれを教わった世親が釈（バーシュヤ）を付したもの、その梵語で書かれた原典からの現代語訳です。真諦の訳した『中辺分別論』と玄奘の訳した『弁中辺論』もほぼ同じ内容です。

（梵本は長尾雅人博士の校訂本 Madhyāntavibhāgabhāṣya, Tokyo: Suzuki Research

Foundation, 1964. にもとづいている。この版はあわせて、『中辺分別論』の梵・蔵・漢の索引がついていて、研究に便利です。）

題目などについてはすでにふれましたので、全体の構成についてだけ説明しておきます。この論典は七つの主題を五つの章に収めて論じています。その七つの主題は一番最初の詩偈（序偈）に数え上げられておりますように、

㈠相、㈡障害、㈢真実、㈣対治を修習すること、㈤その（修習の）段階、㈥果を得ること、㈦この上ない乗り物

の七つで、このうち㈣、㈤、㈥が一章にまとまっているので、全体が五章となります。

この七つの主題は、まず㈠「相」とは存在のすがたということで、前半は「虚妄分別」と特色づけられる識と、その現わす「三性」が、また、後半で「空性」が説かれております。次に㈡「障害」とは、さとりの障げとなるものということで、いろいろの煩悩のことです。㈢の「真実」（タットヴァ）は真理といってもよいでしょうが、いろいろの経典を通じて教えられている新理論で、五蘊、十二処、十八界といった諸法の分類や、四諦、十二縁起などの基本的教理なども含みますが、そのまた基本に「根本真

実」の名で三性説を説くところが、瑜伽行派の論書としての、この本の特色です。次の㈣から㈥の主題は、右の真実を体得、実現するために実践・修習すべき徳目で、一般に三十七種の菩提分（覚支）とよばれているものと、その修行の階梯としての十地説、および果としての仏地をあらわす法・報・化の三身などについて述べてあります。最後の㈦この上ない乗り物（無上乗）とは、菩薩の乗り物である大乗のことで、それが最高であるゆえんを説いております。

この内容からすると、『中辺分別論』もまた一種の摂大乗論、仏教概論であることが知られるでしょう。その組織は四諦にあてはめると、㈠相は苦諦、㈡障害が集諦、㈢真実はさとりの内容という意味で滅諦、㈣〜㈥は修習論ですから道諦ということで、すべての法の領域を含んでいることになりますから。そして、それが空性にもとづく中道をその立場としているというのが、その主張するところです。

『中辺分別論』（梵本）

- 苦……㈠相
  - 1虚妄分別
  - 2空性（十六空）
- 集……㈡障
- 滅……㈢真実
  - 十種真実
- 道……㈣対治修習並行果
  - 対治修習（菩提分）
  - 地（十地）
  - 果
- ㈤無上乗

『弁中辺論』（玄奘訳）

- ㈠弁相品（識と諸法論）
- ㈡弁障品
- ㈢弁真実品（根本真実は三性）
- ㈣弁修対治品
- ㈤弁修分位品
- ㈥弁得果品
- ㈦弁無上乗品

二　虚妄分別と空性

ここではそのうち第一章の「虚妄分別」の節を取り上げることにいたします。それは、その中に唯識説の基本となる三つの柱がすべて含まれているからです。

そこで、まず第一偈を見てみましょう。

虚妄分別・空性・中道

虚妄なる分別はある。そこに二つのものは存在しない。しかしそこに空性が存在し、そのなかにまた、かれ〔＝虚妄分別〕が存在する。（一・一）

この本頌というものは、どのテキストでもそうですが、教理内容が最小限のことばの中にこめられていることが多いので、それだけではなにを言っているのかわかりにくい場合が多いのです。この第一偈でも、従来の仏教常識でわかることばとしては「空性」

くらいでしょう。たしかに「空性」は竜樹（りゅうじゅ）の学説のキーワードの最第一のものです。それと、このテキストの独自の術語としての「虚妄分別」という新しいことば、この二つの関係を述べるのが、この偈の主題ですが、あとは有るとか無いとかいうだけで、なんともわかりにくい。わかりにくいついでに、もうひとつ、第二偈を読んでみます。

　それゆえに、すべてのものは空でもなく、空でないのでもないといわれる。それは有（う）であるから、また無であるから、さらにまた有であるからである。そしてそれが中道である。（一・二）

この偈では、さきの「空性」と関連して、「有でもなく無でもない」「中道」といわれています。その「有」「無」「有」は第一偈で、「虚妄分別は有る」「二は無い」「空性は有る」といわれていたことをさしております。したがって、この二偈で、「空性」と「中道」という二つのことを示そうとしていること、そして、それが「中と辺との分別」とよばれるこのテキストの主題そのものを表示していることがわかります。その上、瑜伽行派以前から知られていた大乗仏教の教理としての「空性」と「中道」を竜樹の学説から継承していることも容易に知られるだろうと思います。

常識の虚構性

御存知のように竜樹の『中論』は「空性」を教える論書とされますが、とくにいわゆる「三諦偈」が、この論典の表題と、その内容とを結びつける説明として大事な詩偈であることは周知のことと思います。その「三諦偈」というのは漢訳『中論』で言うと、

衆の因縁生の法を、我は即ち是れ無なりと説く。
亦た是れを仮名と為す。亦た是れ中道の義なり。
（衆因縁生法　我即説是無
亦為是仮名　亦是中道義）

とありますが、サンスクリットの原典から訳すと、

縁起なるもの、われはそれを空性と説く。それは〔なにかに〕依って仮設すること（知らせること）であり、それがまた中道にほかならない。（第二四章第一八偈）

というもので、従来「縁起」といわれていた道理を、そこでは「空性」とよび「依りての施設」とよぶこと、そして、それがまた、仏教の「中道」たるゆえんを示すものにほかならないということです。竜樹はそこで「空性」と「依りての施設」という二つの新しい術語を用いて、縁起と中道とを結びつけていたのです。（「依りての施設」ということばは漢訳で「仮名」というように仮りに名づけたもの、なにかを素材として表明されたことば、あるいは概念ということ。このことばはなにほどか、唯識というときのヴィジュニャプティと関連があります。いまふうにいうと、両語とも「情報」というのにあたります。）

いまはそれを受けながら、新たに「虚妄分別」という概念と「二つ」ということを取り上げたわけです。「二つ」というのは、これだけではわかりませんから、どうしても散文で書かれた注釈に頼らざるをえません。こうしてみると、本頌と注釈は切っても切れない関係にあること、したがって、世親が散文の注釈を作ったとはいうけれども、その内容は、無著から本頌を教わったときに、あわせて口述されたものであっただろうと想像されます。文章に関してはたしかに世親に著作権があるが、内容的には無著、あるいはそれ以前からの伝承にちがいないと思われます。少なくとも、「二つ」などという抽象的な表現に関しては、口伝があったにちがいないと思われます。

そこで、とりあえず、この「二つ」がなにをさすかということを注釈で見ますと、それは「所取（しょしゅ）」と「能取（のうしゅ）」であると説明されています。「所取」とは直訳すると「摑（つか）まえられるもの」（グラーヒヤ）、「能取」は「摑まえるもの」（グラーハカ）で、「摑まえる」は知る、理解するというのと同義ですから、要するにこの二つは、知られるものと知るもの、客観と主観ということになります。これを第一、第二両偈にあてはめると、

㈠「虚妄分別」は有る。

㈡「所取」と「能取」は無い。

㈢「空性」は有る。

という三項の有る無しが説かれ、その結論として、有るでもなし、無いでもないから「中道」だと言われていることがわかります。

同時に、有る無しの、あり方も問題となっているわけで、二つの「有り」といわれるものの関係は、

㈠虚妄分別は空性のなかに有り、

㈡空性は虚妄分別のなかに有る。

といって、互いに入れ子になっているように説かれています。この意味するところは、「空性」と「虚妄分別」とは一つのことで別のものではないということです。「所取」と「能取」の二つはもともと無いのですから、有るのは一つ、虚妄分別と空性とが一体となっているようなものということになります。

しかも、われわれの言語感覚からいうと、㈠虚妄分別と㈡空性は別々の内容のものとして有るうえ、所取と能取、知られたものと知るものも、ともに有ると思っているはずです。たとえば、ここに机があると、私が知る。つまり、知られる机があり、知る私がいる、と常識的に思っているでしょう。実はこの「常識」の世界が、ここでいう「虚妄分別」なのです。

常識の世界では主客はともに実在していると考えています。「分別」（ヴィカルパ）は唯識説で重要な概念のひとつですが、その意味は、主客に分けて判断することです。私がここにおり、机を見ていると思うこと、考えることが「分別」です。しかも、その「分別」は実は間違っている（と唯識説では考えます）。真実には主客は実在しない。所取と能取は無い。無いのにかかわらず、それを有ると判断する点で、この判断、見方、考え方は「間違っている」「虚妄である」と説くのです。つまり、われわれの常識は、唯識説の立場から見ると、「虚妄な分別」、間違った判断であるということが、そこで意味されています。

それでは正しい判断をすれば、どういうことになるか。その解答が「空性」ということになります。主客、所取・能取の存在は、実際には無いということ、それが「空性」の意味だということです。その無いものを有ると考えるところに主観・客観、すなわち所取と能取が成立しているわけですから、この「取」、とるということばには、妄取、妄執の意がこめられていることがわかります。

三　主観と客観

有部の法実在論

ここで、もう少し、「所取」と「能取」について検討してみましょう。いままで、これを主観・客観、すなわち、能取、知るものが主観で、所取、知られるものが客観であると言い換えてすませておきましたが、これをさらに日常のことばで表わせば、主観とはわれ、わたくし、自己であり、客観はその自己によって知られ、見られ、ないし聞かれ、触れられ、経験される一切です。これを仏教では「法」ということばで表わしております。

「法」にはいろいろの意味がありますが、ここでは「もの」と言ってよいでしょう。もちろん物質にはかぎりません。アビダルマ的に言えば、「意識の対象になるもの」です。もうひとつ限定を加えると、直接もしくは間接的に意識によって把えられるものというべきでしょう。たとえば物質的存在のいろやかたち（色（しき））は眼を通して把えられたうえで、青だとか円（まる）だとか判断されます。その青いもの・円いものが「法」であります。また、抽象的な概念は、眼などによって知覚されませんから、直接に意識によって――意根（こころ）を通して――知られる「法」であるとされます。そのなかには、「涅槃（ねはん）」とか「空性」などの概念も、概念であるかぎり含まれます。

このような客観、法をわれわれは実在していると考えております。われわれだけではありません。仏教の内部でもアビダルマの教学の主流であった部派によると、「すべての法は実在する」という主張を立てたので、「説一切有部」という名を得ました。いわゆる有部です。ただし、すべてといっても、「法」とよぶものの数は限定していて、たとえば物資であれば、色（色や形）、声（おと）、香、味、触（ふれられるもの）など、それを把える感官に応じて法を数え上げますが、木だとか石だとかの個別的存在を区別してはおりません。木も石も、その色や形は「色」という法、さわって知られるかたちならば「触」という法、というふうに分類します。「木」という概念（名称）は「法」という法です。したがって、常識的に言う有る無しとはだいぶちがいますが、ともかく、意識の対象は実在するという考え方をいたします。その「意識」もじつは「心法」という一つの法なのです。

この「すべての法は有る」という有部の主張は、じつは仏教の基本的な見方とされている「無我」ということの説明のために採用された考え方だったわけです。われわれはそれこそ、この「意識」を「我」だと考えているわけです。そしてそれが実在していると思っている。ある意味では客観より以上にこのわれ、わたくしという存在ほど確実なものはないといえるでしょう。少なくとも西洋の哲学でいえば、デカルトの、「われ思う、故にわれあり」で、意識しているこのわたくしという存在ほどたしかなものはない。しかるに、そのわたくし、あるいは、わたくしという概念の内容たるものは実在しないというのです。これはわかりにくい。この「わたくし」がなくて、ではどうなのかというと、ブッダは、この「わたくし」という概念の内容をなしているものは、からだという物質（色）と、知覚（受）、表象作用（想）、意志作用（行）、認識作用（識）といって四種の機能におおまかに分類されるような心的機能——からだもじつは眼、耳、鼻、舌、身、意という六種の感官として、機能的に把えられているのですが——そういう身心の機能の集合、あつまり（五蘊）のほかにはない、というのです。この五蘊が法にほかなりません。

そこで、有部は、わたくし（我）という実体は存在しないが、その内容を構成している色などの諸要素——法——は実在すると解釈したわけです。これを所取・能取にあてはめると、能取たる我は実在しないが、所取たる法は実在する、ということになるでしょう。

このような考え方にたいして、理論的に反対したのが大乗仏教の『般若経』であり、またそれを継承する竜樹だったのです。

すなわち、我がないことはもちろんですが、法もまた実在しない。この「実在しない」ということを正確に、『般若経』—竜樹流に表現すると、「自性（じしょう）がない（無自性）」（ニッスヴァバーヴァ）となります。自性（スヴァバーヴァ）というのは、固有のあり方、あるいは自立的存在ということで、これをさらに説明すれば、他の力をかりずに、それ自体で存在しているもの、それは永遠不変にありつづけるはずであるが、そんなものはこの世にはなにも存在しない。なぜならば、ブッダが教えられたように、すべては縁起したもの、衆因縁生法だからというわけです。そこで縁起したもの、他の力をかりて成立しているもの、それは無自性であるということになります。そして、この「自性の無い」ということを、自性が欠けているという意味で「空」と表現するわけです。

（svabhāvena śūnya 自性について空＝svabhāva-rahita 自性が欠けている＝niḥsvabhāva 無

自性。この「空」の意味についてはまたあとで説明します。）

ところで、ヒンドゥーの正統派の哲学、ウパニシャッドからヴェーダーンタ学派に至るインド哲学の主流の哲学によりますと、「我（が）」つまりアートマン（自我）こそは永遠不滅の存在すなわち自己存在、自立者である、つまり、ここにいう「自性」のいわば代表的存在だというのです。事実、ことばとしては、アートマンと自性（スヴァバーヴァ）は同義語として使われます。

仏典の中では複合詞のあとにアートマンとかスヴァバーヴァをつけると、「〜を本性としている」という意味になり、これはしばしば見かける用法です。ついでに言うと、「法」（ダルマ）ということばにもまた「性質」という意味があり、複合詞の後分にこれがつくと、やはり「〜を本性としている」「〜性の」という意味になります。つまり「法」には元来、変わらないものというニュアンスが入っています。その点、有部が「法有り」と言ったのは、ことばとしては無理からぬ用法なのです。

話がだいぶややこしくなったようですが、もう一度整理すると、

㈠有部は、我は存在しないが法は有る（自性、自己存在、固有、特定のあり方をもった

存在である）と主張
㈡大乗は、我もないが、法も実有ではない（自性がない、空である）と反論
㈢その根拠は、すべてのもの（法）は縁起しているから。したがって、
㈣縁起している＝自性が無い＝空である

ということです。まさにこの点こそが、まえに挙げた『中論』の「三諦偈」（四諦品第一八偈）に言うところの、

「縁起ということ、それをわたくしは空性と説く。」

という意味だったわけです。これは、それにつづく詩句で、竜樹が、

「いかなる法でも縁起しないものはない。
それゆえ、どんな法も空でないものはない。」

と述べていることで、よりいっそう明らかとなりましょう。いわゆる「一切法は空」ということです。

こうして見ると、この『中辺分別論』で、「所取・能取の二つはない」と言っているのは、我も法も実在しないということで、その限りでは『般若経』、竜樹とまったく同

じ見解に立っていることがわかります。

さて、ここにもうひとつ、説明を要することばがあります。それはさきに申しました竜樹の「三諦偈」の「仮名（けみょう）」あるいは「仮（け）」ということです。まえには簡単に、なにかに依っての設定、仮設といっておきましたが、その意味――原語でウパーダーヤ・プラジュニャプティということばの意味は、これを実例で申しますと、たとえば、「アートマン」というもの、これを正統派の人は実体、自己存在だというのにたいし、仏教では、五蘊の集合体に仮りにそう名づけたものだと申しましたが、そのことを、「五蘊にもとづいて（依って）アートマンを設定する、すなわち、アートマンと名づける」（『倶舎論』「破我品」）というふうに述べます。

これは有部でも同様にいうわけでして、つまり「我」というのは「因りての施設」で、概念的存在（仮名）にすぎないというのです。この「概念的存在」の範囲をすべての法に拡大したのが大乗仏教の見解だったわけです。なんであれ縁起したもの、それはすべて空であり、それはまた概念的存在にすぎない。あるいは、我も法も、つまり、所取・能取は両方とも、概念的存在にすぎない。

四　中道と三性説

存在分析の三つの角度

さて、竜樹は、すべてが概念的存在にすぎない、と言ったうえで、それを「中道」だと言うのですが、その意味は「非有非無の中」すなわち、自性が無い、空、という意味で、それら一切の法は「非有」であるが、概念として想定されているという意味で非無だと言っているわけです。つまり、同じものが有でもあり無でもあるということです。

ここ『中辺分別論』でも、「中道」が非有非無の中を表わしていることは同じです。ただ、どういう点で有であり、どういう点で無であるかということを、この空なる法、概念的存在にすぎない法をいろいろの角度から分析して検討するのです。そのいろいろの角度というのが三性です。第一、第二偈のいう「ある」「なし」はそういう三つの角度に応じての、法のあり方を教えているというわけです。いま述べているところ、つまり、「所取・能取の二つはない」というのは、法についての一つの角度から見た言い方であって、その見方だけで全部が律しきれるわけではない。（竜樹は「一切法空」の一本槍で切ってしまうけれども、瑜伽行派からいわせれば、そう単純にはわりきれないというのです。）

三性説

では、それはどういう角度から見られた法（我と法）のあり方だというのでしょうか。唯識の教学ではあとで（第五偈）述べられるとおり、これを「仮構されたあり方」（パリカルピタ・スヴァバーヴァ　遍計所執性（へんげしょしゅうしょう））とよぶのです。この「仮構された」といま訳しました原語、パリカルピタは、じつは、まえまえから何度も口にしていた「虚妄分別」の「分別」にあたる原語パリカルパと関係があり、パリカルパが「分別」すなわち仮構、あるいは構想するはたらきをさすのにたいし、パリカルピタは、そのはたらきによって仮構された内容を表わすことばです。

つまり、虚妄分別と、仮構されたあり方——遍計所執性——とは能所の関係に立っているのです。すでに遍計所執性の中に能所の二つがあり、さらにそれが虚妄分別と能所の関係に立つという、能所の二重構造、立体的な把握は唯識説をすこぶる難解なものとしておりますが、ともあれ、我と法、主観と客観とは、ともに虚妄分別のはたらきによって仮構された存在であって、自性のある存在ではない。空であり、概念的存在（仮名）にすぎないというのが、法にたいするまずひとつの見方です。

（客）仮構されたもの｛分別するもの　主体（我）／分別されるもの　客体（法）｝
（主）虚妄分別（仮構するはたらき）

竜樹のいう「（なにかに因って）想定された」ということばが、ここでは「仮構された」と言い換えられている点に注目したいと思います。瑜伽行派唯識説の人たちから見ると、『般若経』や竜樹がいう「一切法は空」というのは、法（我と法を含めた）の「仮構されたあり方」を指示しているのだということになります。

それでは、このような「仮構されたあり方」を作り出しているのはなにか。そして、それはなにをもと（因）にして、つまり素材としてものを仮構しているのか、すなわち実在として設定しているのか。このあとの方の問題はあとで考えるとして、この仮構するはたらき、すなわち、ここで「虚妄分別」とよばれているものはなにを表わすのか。これが三性の第二番目の「依他起性（えたきしょう）」（パラタントラ・スヴァバーヴァ）であると、第五偈で示されております。「依他起」（パラタントラ）、他に依るあり方、というのは縁起というのと同じ意味です。自立している（スヴァタントラ）の反対で「他に依存している」（パラタントラ）ことです。

　虚妄分別はなぜ「他に依存している」といえるのか、また、「他に依存している」すなわち、縁起しているものは、竜樹にあっては、空であり、また（なにかに因って）設定されたものとまったく同範囲であったのが、ここで、虚妄分別は縁起したもの、一切法（我と法）は仮構されたものというように二つに区別されているのはなぜか、などなど、いろいろの疑問がわくことと思いますが、いまはすべて保留しておきます。

　虚妄分別のはたらきについては、次の第三偈で詳しく説かれますので、これもあとまわしにして、ひとつだけ申しあげておきますと、虚妄分別というのは、われわれひとりひとりの意識のあり方をさしているのであって、そのあり方はひとりひとり千差万別、それぞれの過去の経験、知識にもとづいて、みな異なった意識内容をもっていること、それを縁起している（他に依っている）と説明しているということです。その意識内容が、まえに言った「仮構されたもの」としての所取と能取、我と法だということになります。この両者、意識と意識内容との関係において、ちょうど、禅定の体験で知られるように、唯識、ただ意識のみということが主張されてくるのです。

なお、虚妄分別する存在としてのわれ、わたくしと、虚妄に分別された存在としてのわれ、わたくしとの関係（わたくしの二重構造）は、デカルトのことばでいうと、「われ思う」という機能自体と、「ゆえにわれあり」と推理、判断された内容としてのわれで、唯識説では「ゆえにわれあり」という判断（これは意識自体に属しますが）を虚偽として（したがって、われは実在しない、と判断するのが正しい判断）、虚妄なる分別とするけれども、しかし、この虚妄に分別、判断しているという事実は否定しない。むしろ、そこを出発点として、その思考をすすめていくわけです。それが第一偈の冒頭に、

虚妄分別はあり。

と宣言したゆえんであると思います。

さて、われわれの通常の意識は虚妄分別である。すなわち、あやまった判断をしている、というのが唯識説の見方で、それがあやまっているといわれるゆえんは、真実には存在しない所取と能取の二、我と法、主観と客観を実在すると考えている点にあるということでしたが、しからば、正しく判断するとどうなるか。この正しい判断こそが実は瑜伽行派が求めていること、その獲得を瑜伽行によって実現しようとしていることなので、これを「（修行によって）完成されたあり方」という意味で、「円成実性」（パリニシュパンナ・スヴァバーヴァ）と名づけるわけです。

その「正しい判断」（正智）によれば、「我と法は実在しない」、あるのは「我と法を実在すると考えるところの意識のみ」すなわち「唯識」ということです。しかも正しい判断が成り立つときには、その「我と法を実在と考える意識」は、もはやない道理です。正しい判断とはさとりのことですから、さとりにおいては、もはや虚妄分別は機能しない道理です。さとりにおいて虚妄分別は捨てられます。

しかし、正しい判断としては機能しますから、その点をいうかぎりにおいて、正しく判断するものはそこにのこります。しかし、その正しい判断においては、我と法、所取と能取はない。この点をさして「空」とよぶのだと、第一偈の注釈は説明いたします。すなわち、

「空性」とはこの虚妄なる分別が知られるもの（所取）と知るもの（能取）との両者を離脱し（両者が否定され）ている状態である。

というものです。これによると、ここでいう「空性」が「円成実性」をさすこと、われわれの意識の中で、我と法を実在とする考え方がなくなった状態としてのさとりを表わすことが知られます。この点は竜樹のいう「空性」とはその定義の仕方がまったくちがうようです。

「空」の定義

ただ、空ということばの定義としては、どちらも同じではあります。その定義というのは、同じ注釈のなかで、つぎのように説明されているものです。

〝或るものが或る場所にないとき、後者（すなわち或る場所）は、前者（すなわち或

るもの）としては空である、というように如実に観察する。他方また、（右のように空であると否定されたのちにも）なお（否定されえないで）なんらかあまったものがここにあるならば、それこそはいまや実在なのであると如実に知る。〟

これが「空性の正しい相」とよばれています。この〝〟は、この説明が経典からの引用であることを示すのですが、その経典というのはパーリ聖典や漢訳の『阿含経』で『小空経』とよばれている経典です。

空 śūnya ということばは、その用法を文法的に説明すると、A is śūnya（empty）of B という形になります（英語で 'of B' というところは日本語では「Bについて」と訳すのがよいでしょう。上に掲げた和訳の「〜として」という訳は私は採用しません。少なくともことば自体としては。——唯識説からいって、「虚妄分別は所取・能取としては空」という解釈は成り立つ、といえます）。この 'of B' というところは、サンスクリットでは具格（instrumentalcase）の語尾を伴なって表示されます。これを「無自性のゆえに空」という竜樹の解釈に適用すると、「一切法には自性がない」＝「一切法は自性について空（svabhāvenaśūnya）」ということで、これが一般に「空性」にたいする定義です（空性

＝一切法に自性がないこと）。

ところがここでは、「空性とは虚妄分別に所取・能取の二がないこと」と定義されていることになります。そして、右の定義にしたがうと、その場合、虚妄分別は、所取・能取の二を空として否定したあとに、否定しきれないでのこったものとして、それは実在する、つまり「虚妄分別はある」といわれているのだというのです。

五　空性と有

虚妄分別の有

さきほど、私は、虚妄分別があるというのは我や法が実在すると意識しているという事実がある――われわれの現実のあり方として――という意味だと言ったのですが、この説明だと、もっと重い存在のようです。しかし、一方で、虚妄分別は「他に依っている存在」だと規定しているのですから、そのかぎりでは無自性・空なる存在で、決して不変の実在とはいえないはずです。

それにもかかわらず、唯識説があえて、「虚妄分別は有り」ということにはなんらかの意図がある、あるいは「実在する」という意味は、自性を有って存在するという意味ではない、と考えざるをえません。さもないと、後世の中観派からの攻撃――唯だ識のみ有りという見方は空性に反する――を反駁することはできないことになるでしょう。

その意図というのは、唯識説はここで、虚妄に分別したり、またひるがえって、正しく判断する当体、瑜伽行者の実存、実践主体のことを眼目において、「虚妄分別は有る」と言っているのだろうということです。実践主体はいうまでもなく、われわれのひとりひとりのことで、そのあり方は「依他」すなわち縁起しているのです。この縁起したあり方を仏教ではまた「有為」（サンスクリタ）とよんでいるのです。

唯識説では、実践主体（を指示する「虚妄分別」）を除いて、あらゆる法を、我の観念とともに、縁起したものではなく、ただ概念として設定されたもの、仮構されたものとみなしたことになります。あるいは、竜樹がすべての縁起したものは、概念として設定されたものと見たのにたいし、唯識説は、縁起したものと、概念として設定されたものを再び分けたということもできます。

さらに、別の言い方をすれば、仮構されたものの存在性を徹底的に排除しつつ、それを仮構する機能の中に吸収してしまった、ということもできるかもしれません。ともかく「仮構されたあり方」のものが、「縁起したあり方」のもののほかに別にあるのではない。

空性の有

では「空性がある」というのはどういうことか。偈では、「そこ」すなわち虚妄分別の中に「空性がある」といわれています。これにまえの空の定義の文をあてはめると、

虚妄分別に空性がある＝虚妄分別は空性について不空（アシューニヤ）

これはさらにどういうことかと言いますと、空性（シューニヤター）とは「AにBのないこと」です。これを竜樹のように無自性の意味にとっても、ここのように虚妄分別に二のないことの意味にとっても、その空性なるものが、諸法なり虚妄分別なりのほかに実在するわけではないでしょう。それは空であることという道理という意味で真実ではありますが、存在するものではない。その空性のあり方は、その空なるもの――虚妄分

別なり、諸法なり――を貫いているはずです。このことは『般若心経』の「色は空に異ならず、空は色に異ならず。色は即ち是れ空、空は即ち是れ色なり」（色不異空、空不異色、色即是空、空即是色）という句に正しく表明されているところです。色（ルーパ）は法の代表としてそこに挙げられています。それと「空」、これはそこではサンスクリットでいうと「空性」です。「空性」というものが「色」のほかにあるのではないという意味で、「色即是空（＝空性）、空（＝空性）即是色」なのです。ですから、虚妄分別は「空性」を含んでいるといえます。

しかし、それだけ言うと、なにやら虚妄分別が大きくて、空性がその中に局限されたような印象を受けます。そこで、つづけて、「空性において虚妄分別がある」というわけです。これは『般若心経』が「色即是空、空即是色」とくりかえすのと同じ趣向で、双方を入れ子の言い方をしたといってもよいでしょう。

さとりとしての空性

しかし、どうもそれだけでは律しきれない意味がある。それは「空性」に二つの側面があることです。ひとつには、まえに申しましたように「空性」はさとりを表わしているということです。瑜伽行派としてはこの点にとくに主眼があるはずで、さとり、円成実性のあることを認めないと、修行が無意味になります。それは、虚妄分別が、その意識から所取・能取の二の実在という観念を捨てることによって実現する境地として、虚妄分別と別ではない。このような「完成したあり方」としての虚妄分別は、そのとき、智とよばれます。あるいは、虚妄分別は智に転換します。その智は「所取と能取とを区別しない」無分別智という性格をもっています。

同じことを、この智（無分別智）は空性を見る（さとる）とも表現できます。この場合、空性は、そのさとりによって見られた道理、真理ということになります。これはいわば、さとりにおける所知です（無知なもの――虚妄分別にとって、所取・能取が所知のあり方であったと同じように、その転換したあり方として）。このあり方は、さとりによって（さとったものの智の内容として）はじめて現われますが、しかし、さとっても、さとらなくても、ものの真実のあり方としては不変である道理です。そして、その意味で実在ともいえるのですね。――こういう考え方を中観派は徹底的に排除するのですが、瑜伽行派はむしろ積極的にこの論理に従う傾向が見られます。

このようなさとられた真実のあり方としての空性は、これもこの『中辺分別論』の第一章の後半で詳しく論じられるのですが、「真如」とか「法界」とか「実際」などといったことばで表現されております。このような不変の道理は、アビダルマの哲学以来、「無為」なるもの、――縁によって作られた「有為」のものでないものの意味で、「無為」とよばれています（この点は第二偈の注釈のなかに示されています）。

ブッダと空性

もうひとつあります。それはここでは直接にはふれられておりませんが、この空性をさとったもの、つまり仏は、そのさとりにおいて、能所の二が空となった方ですから、その智と空性とがひとつとなっている（それゆえ、その智は無分別智）と解釈するのです。この点を、法（真理）とひとつになった身という意味で「法身」とよび、そこに仏の仏たるゆえんを見出すのです。

これはとくに如来蔵思想において顕著な考え方、というより、その思想の基本をなしている考え方ですが、唯識説でも、その仏身観においては同じ考えを示しております。したがって、ここの「空性」にもそのような仏の法身という意味が含められていると見てよいと思います。そしてこの法身は、「法界」ということば同様、すべてに遍くゆきわたっているというように規定されております。すなわち、「どんなものでも、法身（法界）の外にあるものはない」。その意味で、「虚妄分別（個々の実存者）はすべて空性においてある」（空性はすべての存在に通徹している）ということになりましょう。

しかし、私は、瑜伽行派としては空性はさとりにおいてはじめて実現するという意味で実在する、と解釈するのが、円成実性の原義から考えてもっとも正しい理解であると考えるものです。そのさとりを実現するのは、ほかならぬ虚妄分別が、その虚妄なるあり方を捨てたときのことですから、その実現のために虚妄分別の存在は不可欠です。虚妄分別こそは迷悟転換の主体なのですから。しかも、それは縁起した存在ですから、それ自体、無自性空である道理です。しかし、どうしてそれが縁起した存在であるといえるのか、その説明はここにはありません。それについては、虚妄分別の構造として、次の偈でふれられることになります。

第二章　認識の構造

一　識の顕現

見せかけの世界

前章で、『中辺分別論』の相品（第一章）の第一、第二偈を取り上げて、そこに示されている、(1)所取・能取の二、(2)虚妄分別、(3)空性のそれぞれについて、基本的なことがらを説明いたしました。

そして、この三つがそれぞれ、ものの三種のあり方（三性）のそれぞれにあたること、すなわち(1)は「仮構されたあり方」で、われわれが日常、実在と考えているが、実は

（仏から見れば）実在しないもの、虚偽のものであること、⑵はその虚偽なるものを仮構するはたらきで、直接には、われわれの日常的な意識のはたらきをさしているが、これは「他に依ってあるあり方」を示していること、すなわち、それが縁起したものであること、そして、⑶はさとりにおいて「完成したあり方」で、「虚妄な分別において、所取・能取の観念のなくなった状態」を示すこと、同時に、そのあり方こそ真実であって、さとる・さとらないにかかわらず、不変な真理という意味で実在と考えられているという面もあるが、瑜伽行の果として「完成された」という意味こそこの派の本来のものであろうこと、などを説明いたしました。

この最後の点、「完成されたあり方」としての空性ということは、実践主体としての虚妄分別が、⑴の所取・能取との関わりにおいてあること、そして、真実のあり方としては、虚妄分別だけであることを示しています。この「虚妄分別だけであること」が、ほかならぬ唯識の意味するところです。そこで、「完成されたあり方」とは「唯識の状態」になることと言いかえることができます。

そして、これが実践の目標ということで、そのゆえに瑜伽行派は唯識を主張するもの、唯識論者といわれるわけです。ただ単に、「一切は識のみである」と理論的に解釈したから唯識論者であるというわけではありません。しかし、とくにこの実践の問題は重要ですので、三性説とはべつに、「唯識性に入る」という形で、あとで説明されることになります。

それよりまえに、⑴と⑵との関係、すなわち、われわれ、まださとっていないものたちの意識構造において、我と法、所取と能取はどのようなものとして現われているのか、ということを、もう少し具体的に説明しておかなければなりません。それについて説くのが、次の詩、第三偈です。

識が生起するとき、それは対境として、有情（うじょう）として、自我として、および表識として（四通りに）顕現する。しかし、その（識の顕現としての四通りの）対象は実在しない。それが存在しないから、かれ（すなわち識）もまた存在しない。（一・三）

ここでまずこの詩偈の前半で、「識が四種に顕現する」といわれております。その用語はどれもみな、新しいことなので、ひとつひとつ説明を要しますが、まず基本線をおさえると、ここで「識」というのは第一偈で「虚妄分別」とよばれていたものです。

それから、「四種の顕現」といわれる㈠対境、㈡有情、㈢自我、㈣表識が、全体で、第一偈でいう「二つのもの」すなわち所取と能取とに相当します。どれが所取で、どれが能取かというのは一筋縄ではいかないのですが、文字上で分ければ、㈠対境と㈡有情が「所取」、㈢自我（すなわち我）と㈣表識が「能取」ということになります。そして、「識が顕現する」という場合の「顕現」が虚妄分別と所取・能取との関係を説明していることばです。

第一偈によれば、「虚妄分別はある。しかし、所取・能取の二つはない」ということでした。そのないはずの所取・能取があると考えられている（われわれがそう考えている）のは、識すなわち虚妄分別が、それらがあるかのように見せかけているからだということでした。その「あるかのごとくに見せかける」というのが、この「顕現する」（アーバーサ）ということばの意味です。ここの文脈でいえば、識が四通りのすがたとして顕われるということになります。

これはまえに『解深密経』の「分別瑜伽品」の説明でふれましたように、禅定体験のなかであらわれる影像はすべて、禅定中の心（識）のあらわし出したものである。それと同様に、一切の所取・能取は、識の顕われにすぎない、ということで、虚妄分別と所取・能取との関係、識と対境その他の四種との間の関係によって、唯識ということを説明しているわけです。

つぎにそれから、「識が生起する」とありますが、これは「顕現する」ということとほとんど同義といってよいでしょう。ことばの上では「識がはたらく」ということで、認識する、知る、ということにほかなりませんが、したがって、虚妄分別、虚妄に分別するというときの「分別する」とも同義です。われわれのことばでいえば、対象（対境）を認識するということを、唯識の教学では「識が生起する」といい、さらに、「識が対象（対境）として顕現する」と表現するのだと理解していただければよいかと思います。

「対象を認識する」というとき、われわれは、対象があって、それをわたくしが認識している、と考えるわけですが、ここではそれを、識が対象として顕現する、と表現し、したがって対象が識のほかにべつに存在するのではなく、あるのは識だけだ、と主張しているのです（なお「生起する」と「顕現する」は原典を直訳すると、「〜として顕現する識（あるいは、〜としての顕現を有する識）が生ずる」とあって、動詞の定形が用いられているのは「生起する」のほうで、「顕現する」は識の内容を説明する同格語で示されています）。

四種の顕現

それでは四種の顕現、識の四種の顕われ方とはどんなものか。注釈の説明を見ましょう。

㈠「対境として顕現する」とは（識が）色形(いろかたち)などのあり方をもって顕現することである。

ここで、「色形など」とあるのは、術語で、色・声・香・味・触・法の六種の領域に分類されるもの、六境(ろっきょう)のことです。「対境」と訳してあるのは原語ではアルタで、一般的にいえば対象、すなわち認識の対象全体をさしますが、ここではとくに、六境というかたちで指定されています。

(二)「有情として顕現する」とは、自分や他人の身体(相続(そうぞく))において、(識が)五種の感覚器官(五根(ごこん))として(顕現すること)である。

「有情」(サットヴァ　衆生)とは一般には自他の存在、いきもの、感覚をそなえた存在をさしますが、ここでは、その感官(根(こん))自体をさす。しかもそれを五種の感官、すなわち、眼根・耳根・鼻根・舌根・身根の五根に限っています。この五種の機能(五感)は身体のそれぞれの部分(身根はいうなれば皮膚感覚・触覚ですから、眼などの特定の部分を除いた身体の全体がそのはたらきをはたします)を通じて機能します。

なお「自分や他人の身体」と訳してある場合の「身体」は個体とか個人存在といってよいのですが、その原語はサンタティといい相続と訳されます。仏教の教理上、個人存在というのは、刹那(せつな)ごとの生滅のくりかえしによる存続であるとの解釈によるもので、生まれてから死ぬまでの一生の間の存在をさします。いうまでもなく、その間、身体(の細胞)は刹那ごとに生滅しながらも、他人の身体と区別される同一の個人としてのまとまりをもっています。五根はまえの六境のうち、色・声・香・味・触をそれぞれの対象として機能します。この五境は、五根とともに、広義の「色(しき)」すなわち物質を構成します。

㈢「自我として顕現する」とは（自我の観念を構成する）汚れた意《マナス》（染汚末那《ぜんまのまな》）（としての顕現）である。（汚れたとは、それが常に）自我に関する愚かさなど（の四種の心作用）をともなうからである。

この第三の顕現はちょっと難解です。簡単にいえば自我意識ということですが、唯識の教学ではそれを「汚れた意《マナス》」とよんでおります。マナス（意）は仏教一般ではこころ（心）と同義語として用いられますが、心よりも機能的に、いわば「おもうはたらき」を表わします。同時に、これが眼や耳などと同列の感官（根）の名（意根《いこん》）としても用いられます。

インド思想では古くはこのマナスは身体のどこかに宿っている物質と考えられていましたが、仏教ではそういう考えを捨てて、機能（根）として別出してはいるが、心とか識とよばれるのと同じと考えています。意根を加えると、感官機能は六種で「六根《ろっこん》」となりますが、ここ、つまり、唯識の教学では、これに独自の意義づけを行なって、六根のグループから独立させたのです。

そして、これは唯識説のなかで、とくに重要な役割を演じます。どんな作用をするかというと、我癡（がち）・我見（がけん）・我慢（がまん）・我愛（があい）といった心作用を伴なっているとされます（後述）。それぞれ「我についての無知」「我ありとの見方」「我こそはという慢心」（いわゆる我慢とちょっと意味がちがいます）「我にたいする執着」ということで、そのまとまった作用として、われわれは自我意識を構成しているというのです。そして、それはあやまった考え方（さとりをさまたげる）なので、「汚れた」と形容するというのです。

別の見方をすれば、おもうはたらき一般のなかから、自我意識を特に重視して別出したと言った方がよいかもしれません。これについてはあとでまた別の角度から説明する必要が出てきます。

(四)「表識として顕現する」とは（眼識などの現象面ではたらいている）六種の識（としての顕現）である。

ここの「表識」と訳されている原語はヴィジュニャプティです。つまり「唯識」というときの「識」と同じことばですが、ここでは、眼識・耳識・鼻識・舌識・身識・意識という六種の認識作用（六識（ろくしき））すなわち、ヴィジュニャーナの作用（了別（りょうべつ））を表わして

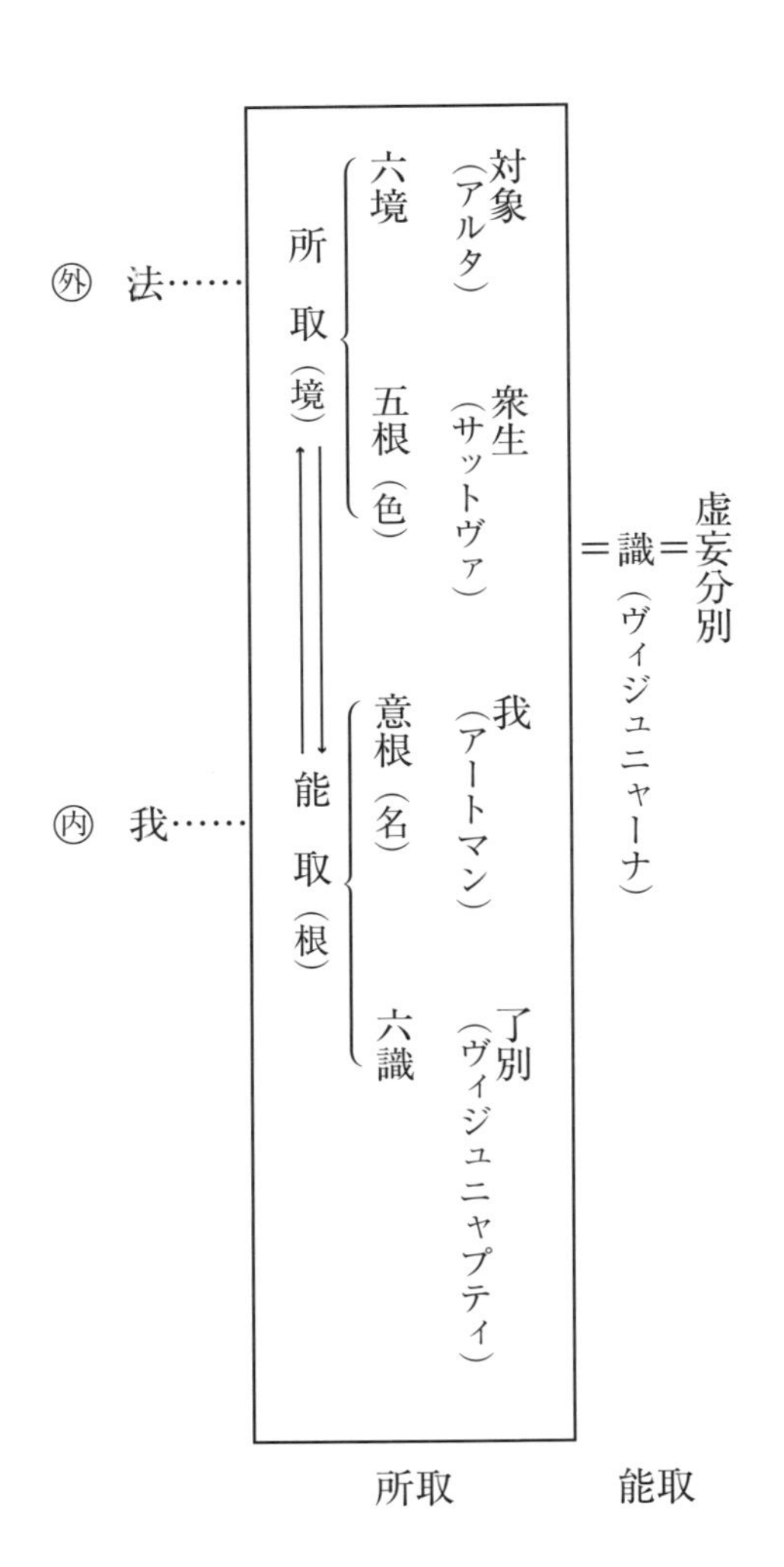

㊋ 法……
㊌ 我……
所取（境）
能取（根）
六境
五根（色）
意根（名）
六識
対象（アルタ）
衆生（サットヴァ）
我（アートマン）
了別（ヴィジュニャプティ）
＝識（ヴィジュニャーナ）＝虚妄分別
所取
能取

います。つまり、識（ヴィジュニャーナ）によって顕わし出された内容（表象）としてのヴィジュニャプティではなく、表示、表現する作用の方を指示しています。

これを仏教の教義にしたがって説明すると、眼識とは、眼という感官を通じて、色や形を認識するはたらき（視覚）、ないし、意識というのは、意根を通じて対象（「法」）の名でよばれる。抽象的な概念）を知るはたらき、ということです。眼識ないし身識は直観知・知覚であり、意識はいわゆる認識、推理、判断の作用をいいます。

これはわれわれがいわゆる意識というのに近いはたらきですが、この「意識」のほかに「汚れた意」を自我意識として別出するのが、唯識説の独創で、唯識説（法相宗）では、眼識などの五つは「前五識」、この「意識」を「第六意識」、そして「汚れた意」を「第七末那識」とよんで区別しています。

以上の四種の顕現は、あるいはすでにお気付きかと存じますが、六境・六根（五根と意）・六識の三系統、あわせて十八種の領域、すなわち十八界に分類される一切法の全体をカヴァーしております。一切の存在はこの十八種の領域のほかにはないので、これで、われわれが認識するもの、認識内容もこれ以外にはありえない。つまり、「識がこの四種として顕現する」とは、この四種が、認識されるもののすべてである（所知（しょち））ということになります。

識	対境……六境	十八界	
	衆生……五根		
	我………意根		
	表識……六識		

顕わすものと顕われるもの

さて、ここでまた疑問がおきます。虚妄分別と規定される識と、その顕現としての六識やマナスとは同じく識でありながらどこにちがいがあるのか。六識とマナスはそれぞれに機能は異なりますが、ともに認識作用であることにちがいはない。この七種の識と、虚妄分別としての識は同じか別か。

七種の識は虚妄分別によって仮構された能取ですから、そのかぎり両者の間にまた、能所の関係があることになります。これは難解です。しかし、この能所の関係を、「顕現する」ということばで表わしますと、その能所の意味は、つまり、顕現させるものと、顕現するもの、あるいは、顕わすものと、顕われるものとは、同じ一つのものの因と果の関係にあるとも考えられましょう。虚妄分別がはたらくと、その結果として、能取たる七種の識が顕われて、それぞれの対象となるもの（所取）を認識する。したがって、能取と所取は同時成立です。そして、この能取と所取、見るものと見られるものがそこに顕われることを、「虚妄に分別する」と言っておりますから、その点では、虚妄分別と所取・能取とは時間的にはまた同時成立です。

それでは、虚妄分別が因で、所取・能取が果であるというのは、理論的な分析として、そういうだけかと言うと、そうとも言いきれない。それは、そこに現象している、つまり事実として存在しているのは、虚妄分別だけであって、所取・能取は真実存在しているのではないからです。夢を見ているのは事実でも、その中で、私がだれかに追いかけられている、とか、私が美女を抱いている、というのは事実でないのと同じです。同時に、夢の中でなにかをしている私と、夢を見ている私とは別人ではない。この「私」にたとえられているのが虚妄分別です。

虚妄分別は六識やマナス（自我意識）としてはたらく心自体ですが、それを機能上、七種の識と区別するとき、これに「アーラヤ識」という名が与えられます。それは七種の識となって顕われる素材（因）であり、表面にあらわれていない点で、潜在的なあり方の識、つまり、潜在意識とでもよんでよいでしょう。七種の識が一瞬一瞬にあらわれては消えていくのにかかわらず、個人存在としての同一性が認められることの理由として、このような潜在的な意識の存在が想定されているわけです。しかし、この点については、ここではまた論じていないので、いまはいちおうそのことを示唆しておくにとどめます。

顕現の非実在性

さて、テキストはここで、なぜ、所取・能取として顕われる四種の現象が実在と考えられないか、その理由を述べます。すなわち、

(A)　(1)対境、および(2)有情としての顕われ

これは所取としての顕われにほかなりませんが、この二種には「形成作用がない」から、とあります。これにたいし、

(B) (3)自我と(4)表識としての顕現

すなわち能取としての顕われは、「真実でない顕現」だから、実在でないといっております。そこには「形成作用はもっているが」という意味が含まれています。

ここで「形成作用」と訳されている原語はアーカーラといい、玄奘は「行相」と訳しています。意味はかたちとかすがたということですが、仏教の認識論上の用語としては、識のはたらく(行)かたち(相)、つまり、識が対象(所縁)を認識するとき、対象に応じて主観の側に形成される形象です。世親の注釈をさらに解説する安慧はこれを「所縁を把握する種類」と説明しています。これは同じ対象でも把え方、知り方によって、かたちは異なるという意味を含んでいます。つまりアーカーラがあるということは、認識するというのと同義となります(「形成作用」という訳はしばしばサンスカーラ〈漢訳は「行」〉の訳として用いられるので、ちょっと具合のわるい訳です。しいていえば、識の「形象形成作用」とでもいうべきでしょう)。したがって、対象は対象であるかぎり、アーカー

ラはないといわざるをえないでしょう。

ところで、アーカーラのないことがどうして所取たる外界の対象や有情の非存在の理由となるのでしょうか。安慧の解説を見ても、能取でないからという以上の理由は見当りません。これだけでは最初から「外境は存在しない」という唯識説の結論が決まっていて、そう説明しているにすぎないようで、あまり説得力があるとは思えません。ともあれ、この所取の非存在を理由として、それを所縁とする能取のほうも、たとえアーカーラはあっても実在ではないといわれています。

『三十頌』などの完成した唯識説では、因としての虚妄分別すなわちアーラヤ識と、果としての自我意識および六識のあいだに縁起の因果関係を認めます。つまり外界の存在がなくても縁起は成立すると説きますから、ここでいう能取としての自我意識などは、所取である対境や有情とちがって、虚妄分別と同じ依他起性であることになります（この点についてはあとで説明します）。その理由をここに適用してよいのかどうか、いまひとつ不明ですが、ここでいおうとしていることは、虚妄、非存在なる現象をあらわし出す責任を自我意識や六識のほうに見出して、その顕現が「真実でない」と主張することにあったと思われます。

識の非実在性

しかし、これはそのまま、虚妄分別にも妥当するはずです。だからこそ、「虚妄な分別」とよばれているわけです。その点ではまた、虚妄分別と七種の識は別のものではない。潜在的であれ、顕勢的であれ、どちらも「真実でない」はたらきです。そこでつぎの結論が成立します。

　四種の顕現という対象が実在しないから、その識もまた存在しない（一・三d釈）

この「存在しない」という意味は、㈠それ自体として、他との関係を離れては存在しない。すなわち、虚妄に分別されたものとの関係においてだけ、つまり、依他的に存在する、無自性である、という意味が一つと、㈡所取・能取を顕現しなくなったときには、もはや、識すなわち虚妄に分別するはたらきはなくなる、という意味とがあると思います。

　後者の意味が、円成実性というさとりの状態を示します。さとりにおいては無分別智がはたらく。そのときには、当然のことながら、分別のはたらきは消滅しており、したがって、そこに所取として分別されるもの、能取として分別されるものは存在しない。この点については、あとで「唯識性に入る」という実践の問題として述べられます（第六偈）。

これにたいして、虚妄分別がそれ自体で存在するものでないこと、依他起であることは、十二縁起との関わりで、論じられております（第九—一一偈）。一方、虚妄分別は依他起したものですが、その依他起していることは『中論』ふうに言えば「空性」にほかならず、この道理がまた、円成実性の中味をかたちづくっております。その場合には、これを「真如」とか「法界」などとよぶのですが、それについては、第一章の後半で「空性」の説明として論じられております。

二　まよいからさとりへ

「虚妄」の意味

さて、テキストに戻って、次の偈にすすみましょう。これは「対象が存在しないから、識も存在しない」という句を承けるものです。

それゆえに、それ（すなわち識）が虚妄なる分別であることが成立した。なんとなれば、（識は）そのままに（真実として）あるのでもなく、また、あらゆる点でないというのでもないからである。（一・四ａｂｃ）

（なんとなれば）それ（すなわち識）が滅尽することによって、解脱のあることが認められるからである。（一・四ｄ）

この詩句の前半三行は、所取・能取として四種に顕現する識が「虚妄なる」分別とよばれることの意味です。まえの偈の説明ですでに知られたことのくりかえしのように見えますが、分別のはたらきが「虚妄」であるのは、直接には能取としての二つの顕現（これは実は識そのもののはたらきですが）にたいする規定、「真実でない」顕現というのと同じことです。

しかし、能取としての二種の顕現（我と了別）を、識の顕現、すなわち、識のあらわし出した対象、あるいは、識によって分別された対象と見る立場からすると、「虚妄」なのは、その対象のほうで、虚妄なる、すなわち、真実ならざる対象をあらわし出す分別のはたらきは、そこにあるといわなければならない。ただし、この分別は、実在しないものを顕わし出している点で、真実ありのままのもの、あるいは、あるべきあり方のはたらきは示していない。そこで、偈のことばで、

「そのままに（真実として）あるのでもなく、また、あらゆる点でないというのでもない」

のが、「虚妄」の意味だというのです。

実践の主体

どうしてそんなに、虚妄分別のあることにこだわるか、まえには、所取・能取がないから識もないと言っていたではないか、という疑念にたいして、最後の一行が加えられております。

その意味は、識がはたらいているかぎり、そこに真実でない所取・能取があらわれていて、それを実在と思っている（その意味では虚妄な分別とは、まちがった分別という意味にとれます）。しかし、それはあやまった見方であって、それを除去することが要求される。

この、有るものが除去される、有から無へという動きは、修道の実践によって果たされるわけですから、この修道の意義・目的を考えるならば、そこに「虚妄なる分別」があるといわなければならない。つまり、これは、虚妄分別とよばれている識が、実践の主体を示していること、まよいからさとりへの転換のかなめとして、実践論的にその存在が要請されているということです。このような実践の主体を、実践理論上の要請として、その存在性を認めるのが、中観派の理論と対比してとくに目につく唯識説の特色です。

したがってこれは、価値的にあるべきものとしての有ではなく、事実としての有というべきものです。それがなければ実践が成り立たないという意味です。このような、あるべきあり方ではないが、事実としてあるもの、真実のあり方ではなく、虚妄なあり方をしている存在を、ここで、「迷乱(めいらん)」（ブラーンティ）とよんでおります。

このように虚妄分別は、まよいからさとりへの転換を要請される実践主体をさしているのですが、この虚妄分別のまよっている現実の状態と、さとりへ向って動き出した状態を、それぞれ「汚染の存在」「清浄な存在」とよんでいます。汚染は、玄奘の訳で「雑染(ぞうぜん)」とよぶもの（サンクレーシャ）で、四諦で言うと、苦諦および苦集諦に属するもの、「清浄」（ヴィアヴァダーナ）とは元来、洗い清めるという意味ですが、苦滅諦および、苦の滅に導く道諦に属するものをさすというのが、仏教一般の通説（約束ごと）です。

このように汚染と清浄とは修道論上の問題で、修道論こそが仏教の眼目でありますから、その否定は、仏教の目的の否定ということになる道理です。そして、この修道論上の目的、すなわち、あるべき、真実のあり方として、第三の「円成実性」が要請されるわけです。しかし、それがなぜ「空性」とよばれるのか。

三　三性説

次の偈は、虚妄分別を三性説との関わりで説明したもので、その内容となる三性の名は、この講義のはじめから使っておりましたが、このテキストでその名が明かされて、その意味が説明されるのは、第五偈が最初です。

妄想されたもの（遍計所執性）、他によるもの（依他起性）、完全に成就されたもの（円成実性）（という三種の自性）が説かれたのは、（順次に）対象であるから、虚妄なる分別であるから、また二つのものが存在しないからである。（一・五）

くりかえしになりますが、ここで、三性の内容をもう一度、整理しておきましょう。

遍計所執性

「妄想された」（パリカルピタ）は、虚妄なる「分別」（パリカルパ）によって「分別された」という意味ですから、その語義からいって、それは分別の「対象」（アルタ）ということになります。「対象であるから」というのは、いちおうその意味に解せられます。

そして、それは、第一偈でいう「二つのもの」すなわち、所取と能取、第三偈でいう「識の顕現」としての、対境（六境）・衆生（五根）・我（意根）・了別（六識）の四種をさし、それらは「ない」と規定されていました。

さらに、この「ない」という意味は、「真実としてあるのではない」とも説明され、あるいは、所取については「（形象）形成作用がない」つまり、認識作用がないから、能取については、「真実でない顕現だから」といって、区別されていました。つまり、存在性が、所取のほうが稀薄で、能取には若干の存在性が認められているようです。

じつはこのことは、虚妄分別と対象のあいだで、虚妄分別（これは性格上、能取です）が有で、対象（したがって所取）が無といわれているのと、まったく同じ構造が、対象のうちの所取と能取とのあいだにも成立していることを示しています。逆にいうと、虚妄分別は、形象の形成作用をもつものとして、その存在性（縁起性）を認められていることになります。これが、虚妄分別が「他に依る存在」といわれていることと関係しているのです。

依他起性

さて、つぎの依他起性、「他に依るもの」は、縁起したものの意味で、その中には無自性なるもの、空なるもの、という意味が含まれているはずとまえにも申しました。しかし、ここでは、それについての説明はなにもなく、ただ、「虚妄分別であるから」というだけです。つまり、依他であること（縁起したもの　プラティートヤ・サムットパンナ）と、「虚妄な分別」ということは、ことばのうえでは、なんらそのつながりを示すものがなく、したがって、虚妄分別がなぜ、依他なるものと規定されるのかについて、まったく説明がありません。したがって、ここでも、その点についての説明は保留としておかなければならないようです。

たぶん、筆者にとっては、あるいは、瑜伽行派の人たちにとっては、識は有るけれども、対象はない、つまり「唯識」ということが自明のことで、対象の実在性は最初から否定されていたのでしょうが、われわれにとっては、どうして識だけが有って、外界の対象はないといえるのかは、まだまったく知られていないはずです。少なくとも、このテキストによるかぎりは。

「虚妄分別は有り」にはじまるこのテキストは、いろいろと理由を述べているように見えながら、虚妄分別が、依他としてある、縁起してある（プラティートヤ・サムットパンナ）という規定を打ち出しただけで、いわば断言したかたちで、それを前提として話をすすめているように見えます。ともかく、虚妄分別なる識が、なぜ縁起したものなのか、その説明のためには、別の角度からの検討が必要なのです。これについては、じつは、あとのほうで、それにふれるところがありますから、それまでおあずけとしておきます。

縁起と因施設

ここで、注釈の説明を離れて、私見を加えますと、竜樹が『中論』「四諦品」で、縁起＝空性＝因施設（なにかにもとづいての設定＝概念）と規定し、一切の存在は縁起したもの＝空なるもの＝因施設されたものと考えていたのにたいし、瑜伽行派は、「縁起したもの」を識だけに限定して、所取としての一切法をそれから排除した、ということです。では、その排除された一切法は、どういう規定を受けているかというと、それは

「因施設」、なにかにもとづいて設定されたもの、すなわち、概念的存在（プラジュニャプティ）にすぎないということだったのではないかということです。

　つまり、竜樹においては、いちように「縁起したもの」＝「因りて施設されたもの」だったのが、唯識説では、縁起したものと、因施設されたものがふたたび区別された。ふたたびというのは、アビダルマの哲学では、アートマン（我）は因施設にすぎないが、法は縁起したものとして実在である、と考えられていたからです。それにたいし、同じく両者を区別するといっても、唯識説では、我も法も因施設にすぎない、しかしそれを因施設するはたらきとしての識、虚妄分別は、縁起したものとして実在である、といっているという意味です。

　このように解しますと、「仮構された」（パリカルピタ）は「因施設（されたもの）」（ウパーダーヤ・プラジュニャプティ、プラジュニャプタ）とまったく同義であるということになります。さらにいえば、まだ本文中では出てまいりませんが、いわゆる「唯識」の「識」すなわちヴィジュニャプティ（所識としての識）とも同義であることが知られるでしょう。用語の成立の順序からいうと、ウパーダーヤ・プラジュニャプティ「因りての施設」→ヴィジュニャプティ→パリカルピタということになりましょうか。（ただ、識もまた、ウパーダーヤ・プラジュニャプティであるという性格をもっていないというのではありません。念のため、この点もいずれまた、くりかえすことになるでしょう。）

円成実性

さて、第三の「完全に成就されたもの」（円成実性　パリニシュパンナ）ですが、これは、第一偈で「空性」とよばれ、「有る」と規定されていました。そして、注釈ではそれを、「この虚妄分別が、知られるもの（所取）と、知るもの（能取）との両者を離脱し（「二を離れ」）〔すなわち〕（両者が否定され）ている状態である」と説明しておりました。まったく同じことが、ここで、「二つのものが存在しないから」と偈のなかで述べられています。それにたいする注釈も、第一偈の場合とほぼ同文です（離れた　ラヒター存在しない　ナ・アスティ）。「空」（シューニヤ）とは、「虚妄分別において、所取・能取の二のないこと」というのが、空性について、唯識説が一貫して採用している語義です。

この「空性」の定義づけは、じつは後年、中観派から攻撃の材料とされる定義です。

つまり、第一偈の中に、「空」ということばの定義として、「あるところ（A）にあるもの（B）がないとき、AはBについて空という」とありましたが、その場合、そこにないBは、存在が否定されるが、Aについては「ない」とはいわれていません。

この経文の実例として、阿含の『小空経』に「鹿子母講堂（ミガーラ・マートゥ・パーサーダ）にはけもの（ミガーラ　鹿）はいない」という例があり、「しかし、そこには比丘たちがいる」（そこにいる＝欠けてない＝不空　アシューニヤ）といっております。『楞伽経』はこれをうけながら、「鹿はいない」は「比丘がいる」ことをさまたげないから、これは絶対的否定ではなく、「相対的な空」（イタレータラ・シューニヤター）で、低次元の空性である（畢竟空でない）としてあまり評価していません。

中観派はこの『楞伽経』の主張を錦の御旗として、『小空経』を典拠とする唯識説の「空性」論を、批難いたします。たしかに、右の経文によって、唯識説は、「虚妄分別には所取・能取の二がない」といい、所取・能取の二の存在を否定しながら、虚妄分別の「有」を強調しておりますから、中観派のいうとおりともいえます。ともかく中観派は唯識説にたいし、その識のみ有りという主張、（さらには空性ありという主張）を批判の対象として論争を挑んだのです。その表現上、唯識説が相対的な空性論者であるといわれてもやむをえないように見えます。

しかし、ここでとくに注意しなければならないことは、この「二のないこと」が、一般的な原則としてよりも、まず「完成されたあり方」として提言されていることです。つまり、所取・能取が顕現しているのは、まよっている凡夫の状態であり、その二の顕現を離れたとき、修行が「完全に成就（パリニシュパンナ）」し、「空性」ということが実現するということです。ここの規定の第一の意味は、こちらの修道論的な意味であるということは、忘れてはならない点であると思います。

さらに大事なことは、前の偈で規定しているとおり、そのときには、虚妄分別ももはや存在しない（識が虚妄分別としてははたらかない）ということです。さとりにおける虚妄分別の否定が、「虚妄」という限定詞のなかに含まれていることです。すなわち、虚妄分別は事実として存在するが、価値的には否定されるべきものだということです。つまり、虚妄分別は「有にして無なる存在」だということで、これが「中道」とよばれるゆえんだったのです。

ここで、虚妄分別＝他に依るもの＝縁起したもの＝有（事実として現実に有るもの）にして無（真実にはあるべからざるもの）＝中道という形で、『中論』のいうところと同じことが主張されていることが知られます。そして、この実践的に虚妄分別を否定することが、次の偈で説かれることとなりますが、これは、次章にゆずることといたします。

四　唯識説における空

もうひとつだけ、くどいようですが、空ということについて説明を加えておきます。それは、縁起したもの＝空なるもの、という場合には、その意味として、自性がない（無自性）というのが、『中論』以来の説明だったということです。これと、「所取・能取の二がない」ということは、どうつながるのか。ともに「空性」といわれていても、その内容がちがうのではないか、ということです。

たしかに、所取・能取がないということと、自性がない、ということは別のことです。少なくとも、所取・能取がないことが、ただちに虚妄分別が「縁起したものであること」の説明とはならないでしょう。だから、私はここで、この「空性」は修道論的な意味で、「なくなること」（＝滅）の意味であると申しあげたのです。しかし、それは、虚妄分別が無自性であること、縁起したものであることを否定しているわけではありません。なぜならば、虚妄分別は「依他なるもの」と規定されているのですから。

そこで、考えてみますのに、唯識説では、ことばのうえの規定としては「空性」を修道論的に説いていて、そのかぎり、無自性という意味はないが、同時に「空性」ということばを通じて、この無自性、縁起したものであること、という点は、自明のこととして含まれているものとみなしていたのではないかということです。つまり、「空性」に修道論的意味とならんで、いわば存在論的な意味を含ませ、その両義性をたくみにからませていたのではないかということです。

これは、第一偈の規定するところで、虚妄分別と空性がたがいに入れ子になっていたところから判断されるところです。「虚妄分別は空である＝無自性である」ということを、「虚妄分別において空性あり」「空性において虚妄分別はあり」と説いていることです。もし、修道論的な意味だけでいえば、「空性において虚妄分別はなし」ということになるだろうからです（空性において＝所取・能取のないとき）。そこで、「虚妄分別のなかに（おいて）空性あり」は虚妄分別が依他起であることを説明しているとして、「空性のなかに（空性において）虚妄分別あり」とはどういう意味か、もうひとつ考えてみる必要があるように思われます。

第三章　さとりのプロセス

一　無の相への悟入

さとりに入る

それでは、どういう順序・方法で、対象の顕現しない状態（したがって識のはたらかない状態）に入るか、という実践的課題についての説明に入ります。まず、例によって、本偈を和訳で掲げておきます。

得られることにもとづいて、得られないことが生じ、得られないことにもとづいて、

さらにまた得られないことが生じる。（一・六）

これはまた、なにを言っているのかさっぱりわからない詩ですね。どうしても注釈の助けを借りないわけにはいきません。何度も申しますが、散文の注釈は世親の作とされておりますが、その内容は世親が無著から教わったことであり、その無著もまた、その師匠すじの誰かから、詩偈といっしょに習ったことであったろうと思われます。その意味で、注釈は本偈の解釈になくてはならない説明です。そこで、注釈を見てみますと、こう書いてあります。

唯識（すなわち、実在するものはただ迷乱の虚妄分別のみである）ということが「得られる」、その「ことにもとづいて」、（識のみであって外界は存在しないから、）対象の「得られないことが生じる」（すなわち、対象は非存在である）。対象が「得られないことにもとづいて」、唯識ということについてもまた、「得られないことが生じる」。このようにして、知るもの（識）と知られるもの（対象）との二者は、無の性質のものであることを理解（し、悟入）するのである。

注釈では、偈に先立つ導入部で、この過程を「無相に入る方便」とよんでおります。「無相」というのは「無・非存在の相」（アサット・ラクシャナ）とありますから、まえの円成実性としての、所取・能取の無いすがたです。ただ能所の二つが無いだけでなく、虚妄分別も無い状態です。それに入るというのは、円成実性となることですから、さとることにほかなりません。そこでしばしば「悟入」と訳します。

　さて、偈の文では「得られること」「得られないこと」がむやみに並んでおります。なにが得られ、なにが得られないのかは、注釈の文でおわかりいただけると思いますが、「得られる」というのはいったいどんなことなのか。はじめは「唯識ということが得られる」とありました。この原文は「唯識（ヴィジュニャプティ・マートラ）の獲得（ウパラブディ）」と直訳できますが、「獲得」とは知覚する、認識する、認得するという意味です。ひらたく言えば、唯識と知ること、一切は唯だ識のみであるとさとることです。「唯識」はこの和訳にあったように「実在するのはただ虚妄なる分別のみである」という意味です。あるいはヴィジュニャプティということばからいうと、虚妄に分別する機能（ヴィジュニャーナ）だけでなく、その機能によって知られる世界（所取・能取）が現われることの全体を表現していると解釈してもよいでしょう。すべてはそのように虚妄分別＝識の顕現であるとさとることが「唯識の認得」という意味で、これが第一の「得られること」の内容です。

さとりの階梯

この唯識の認得が修行者（瑜伽行者）に生じたとき、それにもとづいて、その結果として、「対象の得られないこと」、対象の不認得、無知覚、が生ずる。修行者は「対象」すなわち、所取や能取としての顕現を知覚しなくなる。あるいは「我」や「法」を実在と認識しなくなる。この「得られない」は、「さとらない」と訳してはちょっと具合が悪い。修行者の認識に所取・能取の区別・対立がなくなることです。あるいはもっと端的に言って、なにも見なくなるのです。この状態を伝統的に「唯識無境（ゆいしきむきょう）」とよんでおります。

この「対象の無知覚」という状態が生ずると、どうなるかというと、その結果として、唯識ということすらも知覚されなくなるというのです。じつはわれわれも『解深密経』

や『中辺分別論』などを読むと、教説としての「唯識」ということを理解できます。最初の「唯識ということが得られる」というのは、たぶんこの程度の認識を言っている（もし「～にもとづいて」ということを段階的に考えるならば、ですが）と見てよいでしょう。その場合にはまだ、「唯識」ということが認識の対象となっています。

しかし、もしそのことが本当にさとられるならば、唯識という状態になりきってしまうはずですから、その場合には一切の対象認識はなくなる、つまり、無知覚、無分別になりますから、「唯識ということすら得られない」ということになります。これを唯識性に「入る」というのです。さとることが「入る」といわれるのはその意味で、唯識ということになりきってしまうということです。この状態を伝統的に「境識倶泯（きょうしきくみん）」、対象も識もどちらもなくなるとよんでおります。

なお、「対象の得られないこと」に「対象は存在しないと認得すること」というふうに読み換えれば、第一の「唯識と理解すること」と第二の「対象は実在しないと理解すること」とは同時成立ということになりましょう。つまり、事態はひとつですから。しかし、そう理解しているだけでは、まだそこに対象がのこっています。もし、本当に対象がない状態になるというならば、そこには当然、対象の認識という行為もない道理ですから、識のみがあるということも、道理上成立しなくなります。対象があってこそ、そこに認識が成立しているのですから、一切の認識（分別）のない状態だけが結果する。唯識という認識すら超えられる。――ただし、それはなにもない、一切無ということは意味しない。ただ、修行者の意識になにも現われないというだけのことです。所取・能取の分別、対立がないというだけで、修行者の意識自体は、なんらかのかたちでのこることになる。

　このときの修行者の意識はもはや虚妄分別とはよべません。虚妄であるとも分別であるとも規定できません。しかし、もしその状態に積極的なよび方を与えるならば、それは「無分別智」です。これが「虚妄分別において二のない（虚妄分別が二を離れた）状態」したがって、ただ智に転換した識だけがあるという状態です。これをまた「唯識性」ともよぶのです。

「唯識性」（ヴィジュニャプティマートラター）というのは、こういう点では、単に唯識という道理（～性）というにとどまらず、実践の結果として、それになりきった状態を表わしているのです。むしろ、その意味のほうが強いというべきでしょう。「入る」（悟入）ということばが、そのことを示しています。

智と識

瑜伽行派はどこまでも、瑜伽行の実践に即して、ことを見ているのであって、決して、真理をただ真理として解明することだけを目的としているわけではありません。もちろん、その道理、唯識ということを認得し、理解することは大事な一歩ですが、その唯識ということを対象視しているかぎりは、唯識という状態にはなりきれていないので、対象視、すなわち、所取・能取の分別を捨てるには、識の機能（分別）そのものも停止しなければならない。換言すれば、無分別とならなければいけない。

しかし、虚妄分別はかたちを変えてであれば、さとりにおいてなおのこることになります。これが唯識説の唯識（有り）というゆえんのもので、中観派とまったくちがう考え方に立っていることをよく示しております。それはつねに瑜伽行者の主体的立場からのもの言いをしているということです。中観派は主体のことを一切表面に出しません。

（般若波羅蜜が主体のはたらき、そのあるべきあり方なのですが、記述はあくまで、その般若波羅蜜によって観られた世界、つまり、いかに法を見るか、ということに限られております。）

では唯識という状態になりきったあと、瑜伽行者になにがのこるか、それは対象認識をしないので、もはや識とはよべない、というのですが、それでもなお、一種の認識活動はあるといわなければならない。いわば所取の分別をしない認識、対象を見ない認識、認識しない認識です。このような認識を、「智」（ジュニャーナ）とよぶのですが、ことば自体としては、識（ヴィジュニャーナ）も智（ジュニャーナ）もまったく同じ、知るはたらき、知ることをさします。

しいて区別すると、識（ヴィジュニャーナ）は区別して（＝ヴィ）知る（ジュニャーナ）、分析的に知る、個別的に知るということで、智（ジュニャーナ）の意味を若干限定したことになります。もう一つの区別は、智（ジュニャーナ）には英語の knowledge に当るような知識、知られた内容をも含意するという点があります。この点はしかし、識（ヴィジュニャーナ）にも認められないわけではありません。（後に発達した論理学では、この両語に区別なく、認識するはたらきはその果としての認識内容を含むということを規定しております。）

結局、識と智を区別するのは仏教の教理上、まださとっていないわれわれの認識と、さとったもの（とくにブッダ）の認識との質の区別・差異を示すための約束ごとのようなものと言ってよいでしょう。同じジュニャーナを、一般的な知とか知識の意味で用いるときは、漢訳仏典は「知」と訳し、仏の智恵にかかわるときは「智」と訳すというのも、やはり約束ごとです。しかし、仏教の教理を表わすには便利ですから、こうした区別を利用することにいたします。

こういう次第で、唯識と知ると、虚妄分別としての識はもはやなくなって、無分別な認識が成立します。このことを、唯識説では、「識を転じて、智を得る」（転識得智）といいならわしております。識が智に変わる、ということです。この「無分別智」はまた、さとりの智にほかなりませんので、これを伝統的な（唯識説成立以前からの）言い方をすれば、般若波羅蜜ということになります。

二　得ることと得ないこと

認識しない認識

ところで、対象を見ない認識とか、認識しない認識というのは形容矛盾です。その意味を説明しておく必要があります。そこで、テキストは、つづけて、その説明のための一偈を掲げます。

それゆえに、得ることは得ないことを本性とするものであることが証明された。
（一・七ａｂ）

この「得ること」「得ないこと」はまえの詩で、「得られること」「得られないこと」と訳していたのと同じ原語（ウパラブディ、アヌパラブディ）です。すなわち、「得ること」は唯識ということの認識、「得ないこと」は、対象の得られないこと、対象を知覚しないこと、対象の非存在、および、認識作用の得られないこと、非存在でしょう。

この得ることと、二種の「得ないこと」とを並べてみると、唯識ということは、知られる対象と、知るはたらきのないこと、つまり所取・能取の二つのないことにほかならない、ということを表わしていることが知られます。としますと、第一偈の「虚妄分別はある、しかし、所取・能取の二はない」というのと同じ事態を示していることになりましょう。しかし、それでは「本性としている」ということばを説明するには不十分かもしれません。

もうひとつの解釈は「得ること」「得ないこと」を、直接に認識作用自体にかかわることばと解します。そうすると、認識というのは認識しないことを本性としている、ということになります。「本性としている」というのは、原語ではスヴァバーヴァで、三性（三自性）とか無自性という場合の「自性」と同じです。この場合は、「〜を性質としている」、識とはそういう性質のものだ、というぐらいの意味でしょう。もうひとつ、本性、自性というときには、本来そうあるはず、という意味もあります。それを加えると、われわれの日常において、われわれは虚妄に分別して対象があると思っているが、

本来、すなわち真実には、対象がないのだから、認識しないはずのものだという意味になります。世親の注釈はここを、

　得られるべき対象がないのに、得る（認識する）ということは理に合わないから。

と言っております。（和訳では「得られる対象が存在しないときは、得る（という認識）はありえないからである」となっております。この「得る（という認識）」という訳は、「認識しているという自覚」という意味なのでしょうか？　ちょっとわかりにくいようです。）所取・能取の二つともに存在しないときに、どうして認識が成り立つであろうか。だから、虚妄分別は認識しないのが本来の真実なあり方である。これは「空性」ということばが表わしている状況に近いでしょう。

「認識しないことを自性としている」というのは、ことばを変えると、認識することが自性なのではない、さらに、認識に関して無自性である、識には識がない、識は識について空である、などとなりましょう。虚妄分別に所取・能取のないことが「空性」だと第一偈にあったのと、そこで一致してきます。所取・能取がないのが識の本来のあり方、識の空性であり、それこそがさとり、完成したあり方だということがおのずから知られ

るでしょう。識（虚妄分別）は無自性でありつつ、機能しているということです。したがって、

それゆえにまた、得ないことと得ることとは等しいことが知られる。（一・七cd）

この「得ること」「得ないこと」はウパランバ、アヌパランバとなっていて、まえと語形は異なりますが、同じ意味です。識は非識である（得＝非得）というのだから、識と非識とが同じということになる、というのです。

これについて、世親の注釈は、

「得ること」（すなわち認識すること、あるいは識）が、認識のはたらきとしては成り立たないからである。

と説明しております。それでは、認識しないのが本性であるのを、どうして識とよぶのか。それは、

しかしながら、「得ないことを本性とするもの」ではあるにしても、虚妄なる対象

として〔すなわち所取・能取として〕顕現するということがあるかぎりでは、それ
は「得ること（すなわち認識）」である、といわれる。

すなわち、識（ヴィジュニャーナ）が、所取・能取となって顕現すること（プラティパーサ）を認識（ヴィジュニャーナ）、認得（ウパラブディ）とよんでいるのだということです。

唯識と知ることが、唯識という状態になること、能所の対立のない状態になることだと、さきほど申しました。それと対比すると、識が所取・能取となって顕われることが、まよいの世界の成立だということもできましょう。ただし、まよいの世界成立以前の、識のみの状態というのは、あくまで理論的な要請であって、われわれのあり方は、無始時来、能所対立の世界です。仏教はそこから出発するのです。しかし、さとりによって到達できるのは、本来そうあるべきだから、というのもまた、仏教の考え方の特徴です。

さとりの智とブッダ

以上で、『中辺分別論』の「唯識性への悟入」の説明は終わっています。しかし、さとりの智に関連して、もうひとつふれておかなければならないことがあります。それは、

さとりにおいて、分別がはたらかない（所取・能取を区別しない）というのが、具体的にそれはどういう状態なのかということです。ブッダが法を弟子たちに説いているとき、ブッダの意識には能所の区別はないのだろうか、という疑問です。

答えは、「分別はある」ということになります。ブッダといえども、人間の姿をとって（ほかの衆生でもかまいませんが）顕われているかぎりは、認識作用（智）があって、自他を区別し、法を認識し、意識している自分を意識しているはずです。そのことはさとっていないわれわれとまったく同じです。ただし、ブッダがわれわれと異なるのは、真実においては唯識であると知っていること、一度、唯識の状態になったということです。

そこで、ブッダの分別は、一度、無分別智を得たあとで現われてくるものという意味で〔無分別智の〕後で得られる智、すなわち「後得智」とよび、また、「清浄なる世間的な智」と規定しております。まよいがない、煩悩がない、執着がない、という意味で「清浄」であり、われわれの間で機能する認識という点で「世間智」とよぶわけです。それは分別という点では「虚妄分別」と同じであり、所取・能取のある世界ですが、その虚妄性を自覚している点でまったくちがうわけです。

したがって、無分別智というのは、さとった（唯識とさとった）という事実を示しているだけで、仏智が智として機能しているかぎりは、やはり、分別がはたらいている。禅宗流にいえば、「柳は緑、花は紅」ということです。しかし、分別がはたらいているのは、本来のあり方ではなく、仏にとってはあくまで、対他的な場に姿を現わしたときの方便なのだという理解が、仏教にはあるのです。

これは、究極の立場と世間的方便の立場、第一義諦（だいいちぎたい）あるいは勝義諦（しょうぎたい）と、世俗諦（せぞくたい）という考え方に見合うもので、仏のあり方でいうと、さとりにおいて、法そのものとなった仏（法身）と、それにもとづいて他者に法を説く仏としての、受用身（じゅゆうしん）（これは浄土にあって、菩薩たちのために法を説くほとけ）と変化身（へんげしん）（これは穢土（えど）すなわち、この娑婆（しゃば）世界にあって、凡夫のために法を説くほとけ）という三身説（さんしんせつ）と呼応しております。（この三身説は、瑜伽行派が、唯識説とあわせて完成した教説です。）

戯論と説法

もうひとつ付け加えますと、分別のはたらいているあり方とは法を説く必要から出た仏のあり方です。したがって、ことばによる表現の世界と対応します。ここでも、「ことばによる表現」の世界は、価値的に二つに分かれます。ひとつはわれわれのおしゃべりの世界で、これを「戯論（けろん）」とよびます。他は仏のおしゃべりで、これは「説法」です。

しかし、いずれも、ことばによって、あらゆる概念を操作し、相手に伝達している、コミュニケーションを成立させている点は同じです。このコミュニケーション、言語、概念を通じて、われわれの認識は確認されます。このことをまたプラジュニャプティとよびます。つまり「因りての施設」、「仮」とか「想定」とも訳した機能のことです。本来ないもの（空）が、そこに表現されるという意味で、われわれがあると思っているすべては、ことばによる表現、概念化された世界にすぎない、ということが、「仮」の意味でした。まったく同じことを、意識によって顕わされたもの、とみなすとき、ヴィジュニャプティとよぶわけです。

そのヴィジュニャプティにすぎないものを、われわれは実際にあるものと誤認するのにたいし、ブッダは、真実にはない、虚妄である、ただ、ヴィジュニャプティにすぎない（唯識）と知るわけです。そのちがいは大きいけれども、ブッダも、われわれも、コミュニケーションのためには、分別し、ことばを使い、概念を操作して、その用をたしている。そのほかのありようはない、ということもまた、唯識ということのなかには含まれていると知っておくことは大事です。

したがって、迷悟を通じて虚妄分別はあるのです。そして、ただ、それだけがあるのです。それは瑜伽行者の主体としての意識です。その意識の変革（迷から悟への転換）こそが、瑜伽行派にとっての課題で、その理論的説明として、「唯識」ということが説かれたのです。

第四章　識と縁起

一　虚妄分別の正体

以上、所取・能取の虚妄性、したがって、虚妄分別が、識としては本来ないこと、すなわち、空であること、しかも、空無自性なるものとして、現実にもあり、さとりにおいて性質を転換しつつもなお、仏の智として世間においてはたらくことを認識しましたが、この虚妄分別のあり方こそが、依他起性、すなわち、縁起したものとよばれておりました。

しかし、ここまでのところ、虚妄分別がどのようなかたちで縁起しているのか、また、虚妄分別が実際になにをさしているのか、などの点に関しては、まだなんの説明もありませんでした。それについて、これからの二つの偈が解説してくれます。

さらに虚妄なる分別は、三界に属する心・心作用（心・心所）である。（一・八ａｂ）

「三界に属する」とは、仏教の通説でいう輪廻する生存の三つの領域、つまり、欲界・色界・無色界をいいます。欲界はわれわれの日常の領域で、そこにいるものは肉体（色）を有し、その心は欲、執着を伴なっております。この段階から、禅定の修行によって、次第に執着をなくしていきますと、色界に入ります。色界は肉体はあっても執着のない世界（心の機能はもちろんある）ということで、四禅の段階に相当します。さらに修行がすすむと、精神のみの純粋な世界に入ります。これが無色界で、四無色定によって到達している世界です。この無色界はきわめて高度な精神状態ではありますが、しかし、涅槃界にはまだ達せず、したがって輪廻生存の領域に属するというのです。この説明は虚妄分別が、所取・能取を実在と見ている段階における心を意味していること

を教えています。つぎの「心・心作用」とありますのは、この偈の後半で説明されます。すなわち、

> その場合、識（すなわち心）は対象（そのもの）を見ることであり、それに対して、もろもろの心作用はそれのさまざまな属性を見ることである。（一・八ｃｄ）

「識が対象を見る」というのは、虚妄分別の一般的な規定で、実際に機能している場合には、感受作用（受）とか表象作用（想）、その他のさまざまの個別的な作用（行）を伴なっております。これらの諸作用は、心に属している、あるいは心と相応してはたらく作用（心相応行）という意味で、「心所」と伝統的によんでおります。アビダルマでは心は必ず、なんらかの心所を伴なってはたらくのだという規定があり、瑜伽行派も原則的にその考えに従っております。この場合、心は「心王」ともよばれます。なお、心と識とはここでは同義語として使われていますが、これもアビダルマ以来の約束ごとです。

二　二種の識

アーラヤ識

ところで、まえに見たところで、虚妄分別なる識が、所取・能取となって顕現するといわれ、その識の顕現としての能取に、自我意識と、六識という二種が区別されておりました。この能取として顕われる自我意識や、眼識その他の六識と、それらを顕わし出す（生む）識とは、どういう関係にあるのか。これがつぎの偈で説明されます。

一つは縁（因）としての識であり、（現象的な面において）享受〔など〕に関係するものが第二（の識）である。そこ（第二の識）には、享受すること、判別すること、および動かすものとしてのもろもろの心作用がある。（一・九）

つづけて、世親の注釈の訳文を読んでみます。

（識は、一方では潜勢的な原因の識として生起し、他方ではそれの結果としての顕勢的・現象的な識として生起する。）アーラヤ識は（その前者であり）、それ以外の（七つの）諸識に対して原因となるものであるから、「縁（因）としての識」である。それを縁として（顕勢的に）はたらいている（七つの）識（転識）が、「享受に関係するもの」である。「享受」とは感受（受）のことであり、「判別」とは観念（想）のことである。識を「動かすもの」とは形成力（行）のことであり、すなわち思考（思）、心の集中（作意）など（の諸種の心作用）である。

訳文はたいへん親切に（ ）内にことばを補って説明してありますから、これ以上説明しなくてもよいかと思いますが、私なりの訳語に直したりして、もう少し解説しますと、本偈で「縁としての識」とよんでいたのは注釈によれば「アーラヤ識」のことで、それを縁として顕われる自我意識と六識、あわせて七種の識が、さきに能取としての識といわれていたものをさしていることがわかります。

したがって、虚妄分別というのは、アーラヤ識をさしていたのだなと知れます。それと七種の識とのあいだには因と果の関係がある。この因果の関係は、訳文の説明によれば、潜勢的なあり方と、顕勢的・現象的なあり方という関係にある。どちらも識である点では別のものではありませんが、「識が対象をみ」ているというのは現象的なあり方で、その背後に、それを起こすもので、まだ現実には「対象をみ」ていないアーラヤ識が潜在している、ということにいちおうはなりましょうか。

いちおうというのは、これをさらにつっこんで説明すると、そう簡単には説明できなくなるからで、しかし、その細かい点については『中辺分別論』ではそれ以上語ってくれませんので、あとで、別のテキストから補って説明することといたします。

転識

さて、顕勢的・現象的な識というのが、われわれが通常認識しうる機能で、それには、眼識・耳識・鼻識・舌識・身識・意識（それぞれ、眼・耳・鼻・舌・身・意という身内の器官・感官を通しての認識作用。ただし、意は、心、識と同一の機能であるから、身体にそなわった器官ともいえない）の六種および、自我意識という合計七種がある。

この七種の識は諸種の心作用（心所）を伴なって機能しますが、それを偈で「享受

（など）に関係するもの」とよんでいたわけで、まえに説明したように、感受作用（受）、表象作用（想）およびそのほかの心作用（行）を意味します。そのほかの諸心作用は、ここでは「識を動かすもの」と規定されておりますが、これは、享受、観念などにももちろんあてはまります。

そのほかの実例として、ここでは「思考」（思）と「心の集中」あるいは「注意」（作意）が挙げられておりますが、「思考」は「意志」とよんでもよいでしょう。「心の集中」とは、ひらたくいえば、注意すること、つまり、なにかに意を注ぐことです。（ひとに注意＝忠告するという意味ではありません。）

感受作用、表象作用および、意志作用と、注意とは、もうひとつ、対象にふれる作用（触）とならんで、基本的な心作用で、心が動いているかぎり、つまり、識が機能しているかぎり、つねに必ず伴なっている心作用と瑜伽行派では考えています。また、現象的な七種の識は、「転識」すなわち、「活動している識」ともよばれます。

ここで大事なことは、この潜勢的なアーラヤ識と、顕勢的な七識とのあいだの因果関係こそが、唯識説において考えられている縁起にほかならず、それ以外には縁起するものはないということです。それは、外界の対象は実在せず、すべては識のあらわれにすぎないという唯識の理論の当然の帰結です。同時に、虚妄分別＝識だけがありながら、しかも、その識は永遠不滅の実在などでは毛頭なく、識自体として縁起している、つまり、識自体が因となり果となって動いているということを、潜勢態・顕勢態ということで示しているのです。これが、虚妄分別が「依他性」であるといわれることの説明です。

識の潜勢態・顕勢態という二つのあり方での交互の因果関係こそが、諸法の縁起をあらしめている、あるいは、諸法の縁起の実態であって、それ以外には「一切法の縁起」という現象はありえない、というのが、唯識説の理論なのです。つまり、仏教でいう「縁起」を、識のうちにおける因果の関係に還元してしまうわけです。

三　識の内部での縁起

十二支縁起

どういうふうに、識のうちがわで、縁起が起こるか、この機能の詳細はここでは語られておりません。しかし、そのメカニズムとはべつに、この識の縁起によって、いわゆる十二縁起の諸法の継起が成り立つということが、次の偈二つによって説明されております。

覆いさえぎるから、成長させるから、導くから、統一させるから、完備させるから、三つのものの判別があるから、享受するから、引き起こすから、（一・一〇）
結びつけるから、現前のものとするから、苦しませるから、生あるものは苦悩する。（一・一一ａｂ）

ここに挙げられているのは十二項よりなる縁起、すなわち、いわゆる十二因縁または十二支縁起（十二有支、有〔輪廻〕の一環としての十二支）のそれぞれの項目で、その因としてのはたらきを挙げたものです。

十二支よりなる縁起とは、⑴無明（むみょう）によりて行（ぎょう）あり、⑵行によりて識（しき）あり、⑶識によりて名色（みょうしき）あり、⑷名色によりて六入（ろくにゅう）あり、⑸六入によりて触（そく）あり、⑹触によりて受（じゅ）あり、

(7)受によりて愛ありあい、(8)愛によりて取ありしゅ、(9)取によりて有ありう、(10)有によりて生ありしょう、(11)生によりて(12)老死ありろうしで、その生に必然的に伴なう老死が、苦をもたらしているというのがこの十二支よりなる縁起観の骨子です。

無明

これが唯識ということと、どう結びつくのか、そこにはなんの説明もありませんが、いちおう、世親の注釈にしたがって、この偈の説明を述べておきますと、

(1)「覆いさえぎるから」とは、如実に見ることを(1)無明が(覆い)さえぎるからである。

正しく見ることをさまたげる力を「無明」とよびます。無明はしたがって、われわれの心のあり方のひとつであることがおわかりいただけるでしょう。

「無明」以下の十二の現象はいわゆる「法」ですが、そして、それらは「虚妄分別に由来する」と最後に明言されておりますから、これらの現象が、虚妄分別に由来する「汚染の相」(雑染相)とよばれていることはたしかですが、一方、「無明」がはたらくから、

つまり、真実を見ないから、虚妄な分別がはたらくのだともいえそうですね。といって、無明が虚妄分別のほかに、外部に独立したものとしてあるわけではない。無明は虚妄分別のもつはたらき、心作用のひとつでもあります。この無明が起こると、それが(2)の形成力(行)を起こすわけです。

行

(2)「成長させるから」とは(2)形成力(諸行)が(過去の)行為の習慣性(熏習(くんじゅう))を(次の)識の中に置き(成長させる)からである。

第二の「形成力」すなわち「行」とよばれるものは、ひろく「業(ごう)」とよばれるものと同じで、はたらきかける力です。はたらきかけるというのは、たとえば球に力を加えると球が動きます。その場合、手の力は球にふれるだけですが、それが球の動きをさそい出します。さらにその球が別の球に当ると、次の球が動き出す。つまり、第一の球の力が第二の球の動きをさそい出すわけですね。

こういうふうに、次々とはたらきかける点をさして、形成力といい、また、それを

「習気（じっけ）」ともよびます。この習気が行為のあとにのこり、ほかに影響を与えるはたらきを「熏習」とよびます。「熏」というのは、香を衣服にたきしめると、衣服によい香りがうつるという喩えからつけた訳語です。また「習」というのは、「習い性となる」というように、くりかえしくりかえし、ある行為を行なうと、それが慣習となっていく点をさして用いられる訳語ですが、インドの原語（ヴァーサナー vāsanā）には、くりかえし行なうという意味は必ずしも含まれておりません。

たった一回の行為でも、必ずなんらかの影響をあとにのこすという点で、力が「とどまる」（√vas 住）というのが本来の意味でしょう。それと類似の語根で「香る」という意味の動詞（√vās）があって、そのため意味の混同を起こした（あるいは、たくみに両方の意味を結びつけた）ものと思われます。この「習気」とか「熏習」という概念は、唯識説にとって、たいへん重要な概念ですので、いずれまた、お話しすることとなると思います。

識

(3)「導くから」とは（新しく）生まれ変わる場所へ、(3)識が（導き）到達させるからである。

これはこういう意味です。十二支縁起の説はアビダルマの教字では、いわゆる胎生学的解釈といって、全過程を過去世から未来世にわたる三世のあいだの二重の因果関係を意味するものとして解せられました。それによると、(1)無明と(2)行とは、過去世における現象をまとめて表わしていて、その「無明」と「行」によって影響された(3)識が、いわば過去の業を背負って、新しい生命体に入っていく。というより、父母の要素が合体した托胎の瞬間に、識がそこに加わって新しい生命体を形成すると考えたのです（この識を托胎以前、すなわち死後次の生命体を形成するまでの間は、ガンダルヴァと名づけています。それが「中陰（ちゅういん）」「中有（ちゅうう）」とよばれている存在形態です）。ここでも、そのことを前提として、この説明をしております。

唯識説は、このような意味での(3)識というものの性格をさらに深くほりさげるところから、「アーラヤ識」というものを想定するようになったのです。これもまた、あとで改めて説明する予定ですが、この識が無明によって生じた（真実を知らないために生じた）過去の業・習気を背負っている点をさして、それがちょうど、田畑にできた作物の種子を貯える倉庫（アーラヤ）に似ている点で、「アーラヤのような識」という意味で「アーラヤ識」と命名されたこと、そして、別名を「あらゆる種子で構成されている識」という意味で「一切種子識」と『解深密経』でよばれていたことだけを申しそえておきましょう。

なお、「種子」の喩えは、秋に収穫された種子は、翌年の春になって田畑にまかれると、ふたたび新しい植物となって芽を出す点で、形成力、習気の喩えとされているわけです。この「種子（しゅうじ）」の概念もまた、唯識説に特有の重要な概念です。

名色

(4)「統一させるから」とは(4)心的・物的存在（名色）が自己の存在を（他と区別された個体的存在として統一し、維持するから）である。

この「心的・物的存在」と訳された「名色」は、例の胎生学的解釈によると、托胎し、識が宿って新しい生命体が生まれたとき、つぎに成長した段階におけるその個体をさす名とされています。この個体の肉体を「色」といい、精神を「名（みょう）」とよぶというわけです。

その精神活動は、これも仏教の伝統的な説では、受・想・行・識の四種で、識がその主体とされますから、托胎の瞬間の識はつぎの段階でこの四種の精神機能と肉体を具えた個体に成長するわけです。ここでは、その個体を構成する名色が、一個体として、その生命体をほかと区別する点をさして、その機能としております。

「名色」ということばはウパニシャッドでも用いられますが、そこでは、その語のとおり、名称・概念と、それに対応する物質という意味です。しかし、考えてみると、人間ひとりひとりはみな名前をもっており、名前によってその存在（肉体）をほかから区別しますから、たとえば、私ならば、高崎という名をもったこの肉体が、私であるといって、ほかの人たちと区別し、されているわけですから、この「統一させる」という意味はよくわかりますね（いわゆるアイデンティティー）。

しかし、胎内にある状態では個体にはちがいないが、まだはたから見て区別はできないし、まして自覚はできませんね。しかし、潜在的には自我意識などがあるといわなければならない。この生命体がさらに発達すると、そこに感官が発達し、個体として完成します。それが、つぎの段階です。

六入

すなわち、

(5)「完備されるから」とは(5)六種の知覚の場（六内処）が（個別の身体的存在を完備させるから）である。

「六種の知覚の場」と訳してあるのは、漢訳で、古くは「六入（ろくにゅう）」といい、玄奘訳で「六処（ろくしょ）」というもので、眼・耳・鼻・舌・身・意の六種の感覚器官をさします。「入」は知覚、感覚がその器官を通じて成立する（その感官から入ってくる）ので、その知覚の「入口」という意味だと説明されております。個体存在に、この感官がそろうと、その生命体は胎内で完成体となり、胎外に出てまいります。つまり、赤ちゃんの誕生です。

なお、十二支縁起の基本にさかのぼって「六入によって触あり」ということを考えると、六種の知覚の場が完備することによって、その生命体ははじめて、対象を認識する、すなわち、感官（根）と対象（境）と認識主体（識）の三つの和合（三事和合）が成立します。それを「触」という、ということになりましょうか。

触

(6)「三つのものの判別があるから」とは、（六根・六境・六識の三つのものの）(6)接触（触）が、（楽・苦・不苦不楽の三種の感受に相応した感覚器官の変化を判別するから）である。

「接触」すなわち漢訳で「触（そく）」というのは、いま説明しましたように、そして、訳文中で補ってありましたように、感覚器官と対象と認識主体の和合という事実をさすのですが、アビダルマ教学以来、「触」というのは、対象とふれること、の意味で、心作用の一種と数えます。唯識説でも同様で、識がはたらいているかぎりは、この心作用は「受」や「想」などとならんで、いつでもはたらいていると考えております。ここはしかし、原義の「三つの条件（三縁）の和合」をいいます。

胎生学的には誕生して、胎外に出た瞬間ではじまる、外界との接触といってよいでしょう。つまり、赤ちゃんでいえば、おぎゃあと生まれた瞬間から、なにかのかたちで外界からいろいろなはたらきかけを受けるわけです。この外界からはたらきかけを受けることが「受」です。

受

そして、この「受」は仏教では伝統的に、楽と苦と、そのいずれでもないものの三種に分けます。楽・苦は、快・不快の感覚といってよいでしょう。意識が感官を通じて外界と接触すると、そこにこのいずれかの感覚がはたらき、それを楽か、苦か、そのどちらでもないか、と弁別するわけです。その弁別を「触」のはたらきと、ここでは見ているようです。（なお、このカッコ内の「感官の変化の弁別」という説明は、『中辺分別論』にたいする安慧の複註から採用したものです。）すなわち、この説明は、「触によって受あり」という段階に相応した内容を示しています。

(7)「享受するから」とは(7)（この三種の）感受（受）が（過去の善・悪の行為の結果を享受するから）である。

「感受」すなわち漢訳でいう「受」は原語をヴェーダナーといい、今日いう知覚に相当します。この日常的な知覚にたいして、われわれの意識は、たとえば快いものにたいしては、それにひきつけられて欲を起こし、不快なものにたいしては反発してそこから遠ざかろうとします。それらのことが、過去の業の結果であると、ここでは見ているのです。つまり、過去からの経験が本能的に、愛憎、好き嫌い、などを起こすわけで、そういう心のはたらきを(8)「愛欲」とよんでいるのです。憎しみとか、瞋(いか)り、嫌悪などは、いわばマイナスの愛欲といったらよいでしょう。

愛

「愛欲」は原語をトリシュナー、漢訳で「愛」あるいは「渇愛(かつあい)」と訳すもので、のどが渇いたとき、どうにも水が欲しくなるような、本能的な欲望という意味です。

(8)「引き起こすから」とは（過去の）行為（業）によって（その結果として）予定さ

れている（のちの世への）再生を、(8)愛欲（愛）が（引き起こすから）である。

「再生」というのは未来の生で来世のことをさします。漢訳は「後有」と訳しています。これは十二支の(10)生存（有）というのと同じことをさすのですが、ただし、(10)の「有」はただ人に生まれることだけでなく、その生存がもっている、生老死を引き起こす力、つまり一種の「業」と解釈するのがアビダルマ教学の伝統です。渇愛が無明とならんで再生を引き起こす、つまり輪廻生存を引き起こす最大の原因であるというのは仏教の基本的な考え方です。四諦の説では、集諦すなわち、苦を集めるものの代表として「渇愛」が挙げられています。

取

(9)「結びつけるから」とは、（のちの世への再生の）起ることを助長する愛欲などへ、(9)執着（取）が識を（結びつけるから）である。
ここにまた「愛欲」ということばが出てきましたが、その原語はカーマで、さきの「渇愛」（トリシュナー）の場合とはちがいます。「執着」は具体的には、1.五官の対象にたいする貪欲　2.諸法にたいするまちがった見解　3.外教などの禁戒　4.自我ありとの主張、という四種のことにたいする執着で、渇愛が引き起こす具体的な執着といわれます。これが再生を助長するということで、渇愛と並んで、つぎの⑽生存の原因とされているものです。

有

⑽「現前のものとするから」とは、再生したとき、⑽生存（有）なるものが、かつてなされた行為の結果を成熟させるために、（その過去の行為を）現実の場にもちきたらすからである。

「生存」と訳されているのはバヴァといい、元来の意味は輪廻の状態、輪廻して生死をくりかえす存在、輪廻生存という意味です。それをアビダルマの教学以来、未来の生存を引き起こす力と解釈し、過去世における「行」（形成力）と同じ位置を、未来世にたいしてもっていると考えているものです。したがって、それが「現前せしめる」ものとは、未来の「生」にほかなりません。「生」は輪廻生存の現前した姿です。

生・老死

⑾「苦しませるから」とは、⑾生まれること（生）が、また、⑿老や死（老死）が、（苦しませるから）である。

これは最後の二項、生と老死、すなわち未来における生まれてから死ぬまでの一生を（およびそのくりかえしを）さして、それが（識を）「苦しませる」というのです。その結果として「生あるもの」すなわち有情（衆生）が苦悩する。という結論が出されています。安慧の注釈では、この「生あるものは苦悩する」ということばを、以上の十一項の縁起のひとつひとつのケースに結びつけて解釈しております。

識と十二支

以上の十二支縁起の説明は、有部のアビダルマ教学のように、それぞれの項目が独立した実在する現象と考える場合には、それなりにわかりやすいのですが、このすべてが、虚妄分別に由来する現象であり、虚妄分別としてはたらく識自体の内部における変化、展開であるとなると、なかなかわかりにくい。

あるいは、いちいちの項に、識をあてはめていくとどうなるか。識を無明がおおうと、形成力がはたらいて、識を成長させ、その結果、新しい場所に生まれ変わって、次第に、統一体としての意識が生じ、六種の感官のはたらきが発達すると、対象認識が成立し、印象を感受し、その感受に応じて苦楽を感じ、愛・執が生じて、未来世へ再生の因をつくる。かくて、識がまた新しい生命体をつくりだして、生死をくりかえす。——このように、十二項はすべて、識の変化であると見ることになりましょう。

この十二支の縁起が識の変化であると考えることは、実は唯識説のはじめて主張したことではありません。御存知の『華厳経』の「十地品」で、すでに第六現前地において菩薩が明らかにすることとして、十二項よりなる縁起の観察をかかげ、それがすべて、ただひとつの心にもとづいて起こる現象であると教えております。すなわち、「三界は唯心なり」という教説です。十二支の第三支たる識こそが、縁起しつつ輪廻する生存を経験する主体であり、十二支はすべてその識の変化にすぎないということです。まさにこれこそが「唯識」という考え方の起こりであるわけで、唯識説は、この『華厳経』のいう唯心観をより詳細に解明すべく生まれた思想であるといってよいのです。

四　識とアートマン

こう申しますと、識とよばれているものは過去世から現在世へ、そして未来世へと、一貫して存在していて、まるで、外教でいうアートマンと同じことになるではないか、という疑問が出るでしょう。事実、世親の時代でもそういう批難、批判はあったのですが、決して、識がそのような実体でなく、常住な存在でないということは、ちゃんと理論的に用意されています。

それはなにより、この識は十二支の第三項であり、縁起した法のひとつであるからです。これもアビダルマの教学で確立したところによりますと、すべての法は刹那滅、すなわち、なんらの持続性をもたず、生ずるやいなや滅する現象だというのです。この現象するものは刹那滅だという規定は、唯識説もまた忠実に守っております。むしろ、そのような刹那生滅のうえに、認識作用としての識の性格を規定することが、世親において完成する唯識説のいわゆる認識論的側面をかたちづくっているのです。刹那滅ということで、識が縁起したものであることは、自明のこととされているのです。これがはじめに、虚妄分別が有るといわれたことの意味であり、また、それが「依他起性」とされて、しかもなんの説明も加えられていなかった理由でしょう。

なお、虚妄分別のうえに、十二支の縁起の展開があり、三世の生存があるということは、ここで十二支の各項は、第三識支も含めて、さきに遍計所執性として規定されていた能取にほかならないということになります。つまり転識としての第六意識が、ここでいう識にほかならないというように、『成唯識論（じょうゆいしきろん）』などの注釈は解釈しております。ただし、その虚妄分別も、能取としての識と同時に刹那生滅をくりかえしている道理です。

最後に、偈の一部がのこっていましたので、それだけを読んでおきましょう。

〔この十二支の縁起はまた〕三種、二種、および七種の汚染の存在であり、〔それらはいずれも〕虚妄なる分別に由来する。（一・一一ｃｄ）

この偈も、偈だけではなにもわかりませんので、世親の注釈のいうところを、次頁に一覧表にしておきます。（汚染の存在は、玄奘訳で「雑染」と訳すもので、輪廻の全過程をさす名。）

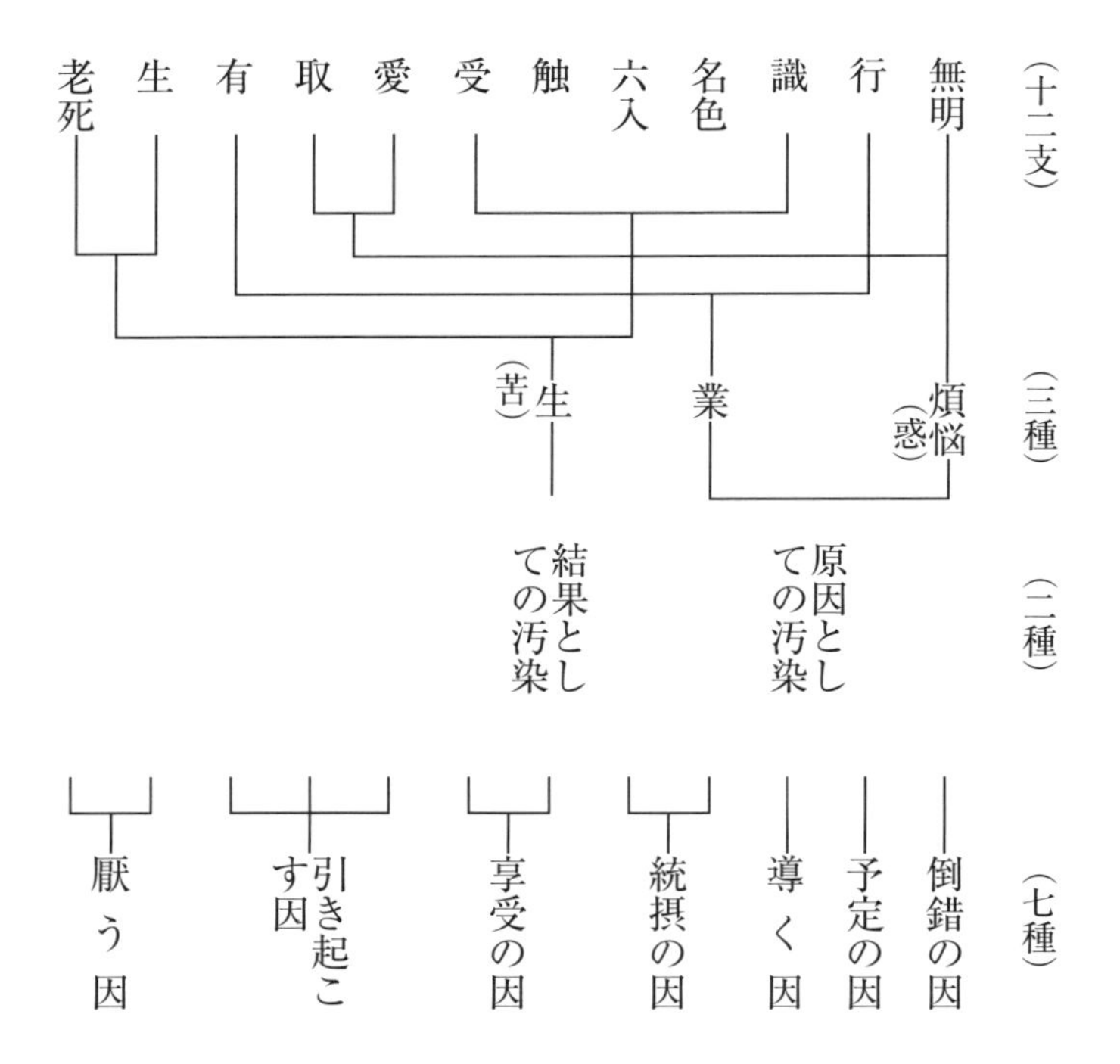

（十二支）
無明
行
識
名色
六入
触
受
愛
取
有
生
老死
（三種）
煩悩（惑）
業
生（苦）
（二種）
原因としての汚染
結果としての汚染
（七種）
倒錯の因
予定の因
導く因
統摂の因
享受の因
引き起こす因
厭う因

心　+心作用

(1)　無明　（識）＋無明（＝虚妄分別）
(2)　行　（識　＋無明）×習気（業）

＝

(3)　識　識（＝虚妄分別）
(4)　名色　識＋受・想・行・（名）＋身体（色）＝個人存在
(5)　六入　識（＝意）＋眼・耳・鼻・舌・身（感官＋身体）＝個人存在
(6)　触　識＋触　〔＋感官・身体〕〔←→対象〕
(7)　受　識＋受（三種）〔＋感官・身体〕〔←→対象〕
(8)　愛　識＋渇愛　〔＋感官・身体〕〔←→対象〕
(9)　取　識＋取（四種）〔＋感官・身体〕〔←→対象〕

↓

(10)　有　（識）未来生存（×習気）
(11)　生・(12)　老死　未来生存ニオケル生・老死等ノ苦

第五章　識のはたらき

前章で、『中辺分別論』第一章のうちの「虚妄分別の相」の説明をようやく終わりました。その説明を通して明らかになったことをもう一度整理してみますと、つぎのようになるかと思います。

(1)われわれの日常の意識活動において、われわれは、ものを見ている主体と、見られている対象、すなわち能取と所取が実在すると思っている。つまり、私がおり（我）、見られている世界（これをひろく法という）が外に実在すると思っている。ただ実在すると思っているだけでなく、その対象に執着し、その結果として苦を引き起こしているわけですが、その基本に、この能所の分別ということがある。

しかし、真実には、見ている主体も、見られている対象、客体もそれ自体として、あるいは、われわれが考えているようなかたちでは実在しない。したがって、われわれの意識活動、能所に分けて認識するはたらきは虚妄なもの、真実ならざる分別、あやまった判断である、あるいは、虚妄、非存在なる所取・能取を分別するはたらきである。

その意味で、われわれの意識活動を「虚妄分別」と名づける。この虚妄分別と対比すると、われわれが実在と思っている所取と能取とは、単に、虚妄分別によって分別されたもの、すなわち、仮構されたもの（遍計所執性）にすぎない。（識によって仮構されたものとは、意識内容として顕われたものにほかならない。――これをまたヴィジュニャプティとよぶ。）

(2)ところで、能取である「我」とか、所取としての「法」が実在しないということに、われわれは気付いていない。それはちょうど、夢というものは覚めてみなければ夢と気付かないのと同じである。そこで、仏に教えられて、我や法は意識活動によって作られたものだとさとれば、もはやそこには能所の分別もなく、意識活動それ自体だけがのこる。これは修行の結果到達できるところなので「完成されたあり方」とよばれる。その状態にあっては、意識の対象は存在せず、したがって意識の活動の本領たる認識作用もないので、それを「識」とよぶことすらできない。この状態を「唯識性に入る」とよぶ。

(3)さて、虚妄分別あるいは識は、所取・能取を顕現しないかぎり、虚妄分別とはよべないが、さとった後にもなお活動をつづける。これを智とよぶ。智は清浄な分別智としてはたらき、説法のことばの世界を現出する。唯識ということのうちには、この迷悟によって見方が変わり、あり方が変わるという考えが含まれている。これは「一水四見」の喩えによって知られる。

(4)唯識説においては、このように実践のかなめとなる主体として、意識活動が有るということをすべての基本としている。それが冒頭で「虚妄分別がある」と表明された理由である。ただし、そのあり方は、不変の実体として存在するのではなく、「縁起したもの」としてあるので、その点で、虚妄分別は、「依他起性」(他に依るあり方)とよばれる。そして、他によるあり方で有るのは虚妄分別だけであって、それゆえにまた「識のみがある」ということができる。

(5)では、この虚妄分別と仮構された能所の世界との関係はどうなるか、あるいは、どのようにして、仮構された世界が虚妄分別の上に現われるのか。この点について、『中辺分別論』のいうところでは、「識が、対象・衆生・我、および了別として顕われる」あるいは、その四種の顕現となって生ずる、ということであった。

そして、この四種の顕現のうち、能取、すなわち主観としての二種、すなわち、我として顕現する識たるマナスと、対象認識の機能たる六識とは、それを顕現する識自体とのあいだで、後者が因、マナスと六識が果という関係にある。そして所取たるものはまったく存在性がないとされるので、唯識説においては、因果関係すなわち縁起ということが、虚妄分別と能取のマナスや六識とのあいだにだけ設定されていることが知られる。

(6)もうひとつ、虚妄分別と仮構された世界の関係を示すものとして『中辺分別論』が語るのが、「十二支の縁起の各項（あるいはそれぞれの前後との因果関係）はすべて虚妄分別によっている」という規定である。これは識、虚妄分別が依他起であるゆえんを説明するもので、唯識ということが、元来『華厳経』「十地品」の第六現前地で、十二支縁起の観察のうえにさとられるとされた、「三界は唯心であり、十二縁起はすべて心に依る」という教えを説明すべく立てられた学説であることを示すものである。

以上、まとめのつもりが、また長くなって、かえってわかりにくくしたかもしれませんが、最後の二点、識が縁起したものであるということの具体的説明、つまり、虚妄分別とマナスおよび六識との間の因果関係、および識と十二支縁起各項との関係について、その理論的な解明は必ずしも十分ではなかったと思われます。別の言い方をすると、われわれは本来存在しないはずの所取・能取をなぜ実在するように考えるのか、そのメカニズムはなにかということです。

これは言い換えれば、われわれはなぜ、迷い、悩み、苦しんでいるかとその原因を問うことで、十二支縁起の説は実はブッダによるその解答だったわけです。唯識説は、そのすべての原因を虚妄分別にあずけた恰好ですが、これがもう少し説明してもらえないことには、どうもよくのみこめません。

そこで本章では、この問題、虚妄分別が依他起であるとはどういうメカニズムをさすのか、という点について、世親の『唯識三十頌』を手がかりとして、解説してみたいと思います。なぜ『三十頌』を用いるかというと、世親のこの著作によって、唯識説は最終的に、その「識論」を完成したと考えられるからです。

一　識の転変

唯識三十頌

『唯識三十頌』は全部で三十の詩偈のうち、第一九偈まで、つまり約三分の二を費して、識の機能と唯識性の理論づけを行なっております。そのあとの三性説に関する六偈（第二〇―二五偈）、および唯識性に入る実践修観に関する五偈（第二六―三〇偈）の内容は、これまで『中辺分別論』などによって述べてきたことの要約といってよいでしょう。したがって、『三十頌』の使命とするところは、前半の識の機能論(メカニズム)にあることが、おのずからおわかりいただけると思います。

ここで、識の機能論とかメカニズムといっておりますのは、ひとつには、われわれはいかにして認識が可能なのか、あるいは認識とはどういうことか、といった純粋な認識論上の問題もありますが、そして、その意味の認識論は世親以後、ディグナーガ(陳那(じんな))とかダルマキールティ(法称(ほっしょう))といった論理学者によって、研究され、大成されますが、それよりも仏教的実践論にもっと密着した課題として、われわれがいかにして、この迷妄なあり方をつづけているか、そのメカニズムを、われわれの識のはたらきにもとづくものと見て、識自体のうちにその課題の解決、すなわち迷妄からの解脱の契機を求めた点をさしています。

在来の仏教理論でいうと、無明にはじまる十二支縁起が、まよいの世界展開の次第を説いていたこと、そして、『華厳経』でそれが「但是一心作」といわれていたことの解明、あるいは、「心が汚れれば衆生汚れ、心が浄まれば衆生浄まる」という阿含以来の教えに関する解明です。（こちらこそ主題であって、認識論はむしろ副産物というべきです。）

そして、第三に、そのような識のメカニズムの解明を通して、その主張する「唯識」ということの理論的正しさ、すなわち、唯識であって、どうして縁起とか業といった仏教の基本的な見方が成立するのか、ということの証明を行なおうとしたということです。

三種の転変

『三十頌』はまず、つぎの偈からはじまります。

どんな種類の我や法の想定（仮説（けせつ））が行なわれるとしても、じつに、それは識の転（てん）変（ぺん）においてである。そして、その転変は三種である。（第一偈）

この詩句は、このテキストの主張するところを表明した重要な偈です。すなわち、その主張命題をひとことでいえば、「縁起とは識の転変である」ということです。

まず、この詩句の内容を、さきの『中辺分別論』の詩句と対照させてみますと、

「我と法の想定」＝所取・能取の二
「識」＝虚妄分別
「識の転変」＝対境・衆生・我・了別として顕現する識（の生起）

となります。そして、ここで「想定」と訳した原語ウパチャーラ（『成唯識論』で「仮説」と訳す）は、注釈によればプラジュニャプティと同義とされますから、『中論』でいう「因りての施設」と同じこと、したがって、縁起とは「因りての施設」にほかならないという大乗仏教的解釈として、ここでも、すべての縁起したもの（法および、その法の上に仮構された我）をさしていることが知られます。こうしてみますと、「転変」ということばが、世親の唯識説において新たに導入された術語であり、世親の学説を知るうえでのキーワードであることが知られます。

「転変」の原語はパリナーマといい、文字どおりには「変異すること」「異なること」です。ことば自体としては、サーンキヤ哲学では根本物質からの宇宙の開展の意味で用いられたり、そのほかいろいろの場合に用いられていて（たとえば、「廻向」も同じ語根に由来するパリナマナーなどを原語とする）、格別のことはないのですが、世親はこのことばを経量部(きょうりょうぶ)の学説（業の説明のために用いられた）から導入したといわれています。
この『三十頌』における用法の意味については、安慧(スティラマティ)の注釈で、

「因の刹那が滅するのと同時に、果が因の刹那とは異なって生ずること」

と説明しています。この説明は決して理解しやすいものではないのですが、その言わんとしていることは、我法を想定する識と我および法という想定されるものとのあいだの同時成立と相互影響ということと、その刹那生滅の識の刹那ごとの連続（相続(そうぞく) サンタティ）とをひとつのことばのなかで表現すること、それによって「縁起」を説明することにあったのです。

あとのほうの時間的変化の意味での「転変」は世親が経量部に学んだものです。そして、それはとくに「業」の説明に用いられていたことです。これは『倶舎論(くしゃろん)』のなかに用いられているのですが、「我」の実体性を否定するところで、われわれが「我」と考えているのは刹那滅なる五蘊の法が和合して、（フィルムのコマをまわしたときのように）あたかも連続したように見えるもの、そこに生まれてから死ぬまでの個体存続（心相続(しんそうぞく)、すなわち意識の持続性）を想定して、我とよんでいるのであるが、この刹那ごとの変化

（転変）の特殊なもの（相続転変差別）として、この一生とつぎの生とのあいだの断絶と連続を考え、それを引き起こす力として業を考えるものです。

したがって「転変」は元来、時間的な因果関係、二刹那のあいだの前後関係を表わすことばだったわけです。『倶舎論』では、すべての法は刹那滅で断絶しつつ接続しますから、色法（たとえば身体を構成する諸法）は色法でそれぞれに転変するのですが、唯識の理論では、それは認められませんから、諸法の成立を識との関係でだけ説明しなければならない。そこで、これを図示すると、

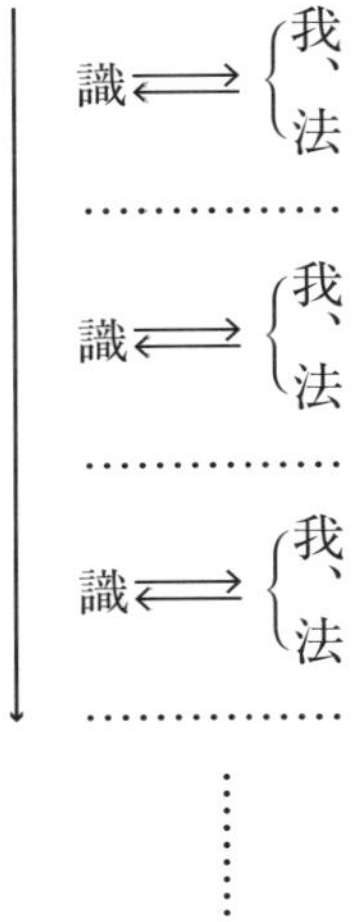

我、法 ⇄ 識	我、法 ⇄ 識	我、法 ⇄ 識	……

↓

となります。ただし、第一の刹那と第二の刹那とのあいだのつながりがどうなっている

のか、これだけではわかりません。そこで、『三十頌』の内容を少し先取りしていいますと、「識の転変」が三種であるといわれている三種は、第二偈以下によると、

(1)異熟（いじゅく）としての転変

(2)思量（しりょう）としての転変

(3)対象の了別（りょうべつ）としての転変

の三種であると説明されています。この三種の転変の主体である識はそれぞれに、(1)はアーラヤ識、(2)はマナス、(3)は六識であるということですから、これをさきの『中辺分別論』の説にあてはめますと、(1)は因としてのアーラヤ識のはたらき、(2)はその識の顕現としてのマナス、すなわち自我意識、(3)が「了別」とよばれていた六識ということがわかります。

そして、(2)は「我」の観念をつくりだし、(3)が六境に分類される法および、その観念成立の入口たる六根（正式には意根を除く五種）なる法を認識し、判断するはたらきであること、この二つがともにまた、(1)アーラヤ識からの転変であるということが知られます。この点を加えて図式化すると、

仮構

転変

識（アーラヤ識）⟶ 思量（→我）

⟵ 了別（→法）

ということになりましょうか。我と法は仮構されたもので、実在ではありませんから、

現実に現象しているのは、

で、すべては識自体の変化にすぎない、ということになります。ただし、思量と了別とは、我と法と同様、その存在はアーラヤ識とのあいだの関係においてあるだけで、それ自体では相続はできません。

したがって、識の転変は、アーラヤ識と、思量および了別という二種の識――これは「転識（てんじき）」（プラヴリッティ・ヴィジュニャーナ）すなわち現に機能している識です――とのあいだでの相互関係、つまり、識の内部での相互作用にほかならないということになりますが、刹那ごとの識の連続性（同じ性質の刹那を超えての持続性）はもっぱらアーラヤ識のほうに托されているということになりましょうか。

ここでちょっと、思量と了別の位置づけについて、もう一度検討しておきたいと思います。『三十頌』では、このように思量と了別、すなわち自我意識と六識とが、アーラヤ識と同様に識の転変であり、したがって縁起したもの、依他起性であるとされているといえますが、『中辺分別論』ではそれぞれが我と了別の名で遍計所執性としての能取に数えられ、むしろその存在性を否定するような規定がされていました。同時に、同じく遍計所執性である所取と比べると、アーカーラをもっている、すなわち形象を形成するはたらきがある点で、虚妄分別と同様の「虚偽の」存在性があるようにも見受けられました。「虚偽の」というのは、さとりの領域においては存在しないという意味です。

この虚妄分別との同質性はおのずから『三十頌』のような構図、つまり自我意識も六識も依他起性と考える方向に発展することになるのですが、そうすると『中辺分別論』では同じように「識の顕現」とされていた所取、すなわち「対境・有情としての顕現」の位置づけについて疑問がわいてきます。この所取としての顕現はアーラヤ識そのものの顕現、つまり顕在化したアーラヤ識とも説明されるのですが、そうすると、所取としての顕現も、能取としての顕現と同様、依他起性であると考えることが可能となります。

このように、遍計所執性としての所取・能取のほかに、識の顕現として、依他起性の所取・能取を想定することは、識の理論上たいへん都合よいことになります。というのは、認識が成立するためには必ず識の対象（所縁）がなければならないのですが、所取がまったく非存在だとすると、識の機能の成立する余地がありません。これは『中辺分別論』で円成実性を説明するための理論的根拠とされていました。そこで、たとえ虚偽のものにせよ、識がはたらいている限り、その対象はあると言わざるをえません。その虚偽の対象をわれわれは実在と思うので、この実在とみなす土台となったなにものかが、識の所縁として存在している。どこに存在しているかというと、識の内部に、アーラヤ識の一種の顕現としてある。それを所縁としてはじめて能取のはたらきも成立する、つまり、アーカーラ（行相）をもつというものです。遍計所執性というのは、この識のうちに成立する所取＝所縁と能取＝行相との間のはたらきを、外部に実在すると誤まって仮構されたもの、すなわち、単なる概念的存在にすぎない我だとか法（対境・有情）をさすというわけです。

この考え方を代表し、もっとも明確に述べているのが『成唯識論』で、そこでは、識の内にある所縁を「相分」、行相（アーカーラ）を「見分」と名づけ、認識作用は「相分」と「見分」との間に生じ、その結果として知識が成立する、そのすべては依他起性である、すなわち、縁起はすべて識の内部において成立すると説明いたします。これをふたたび図示すると、

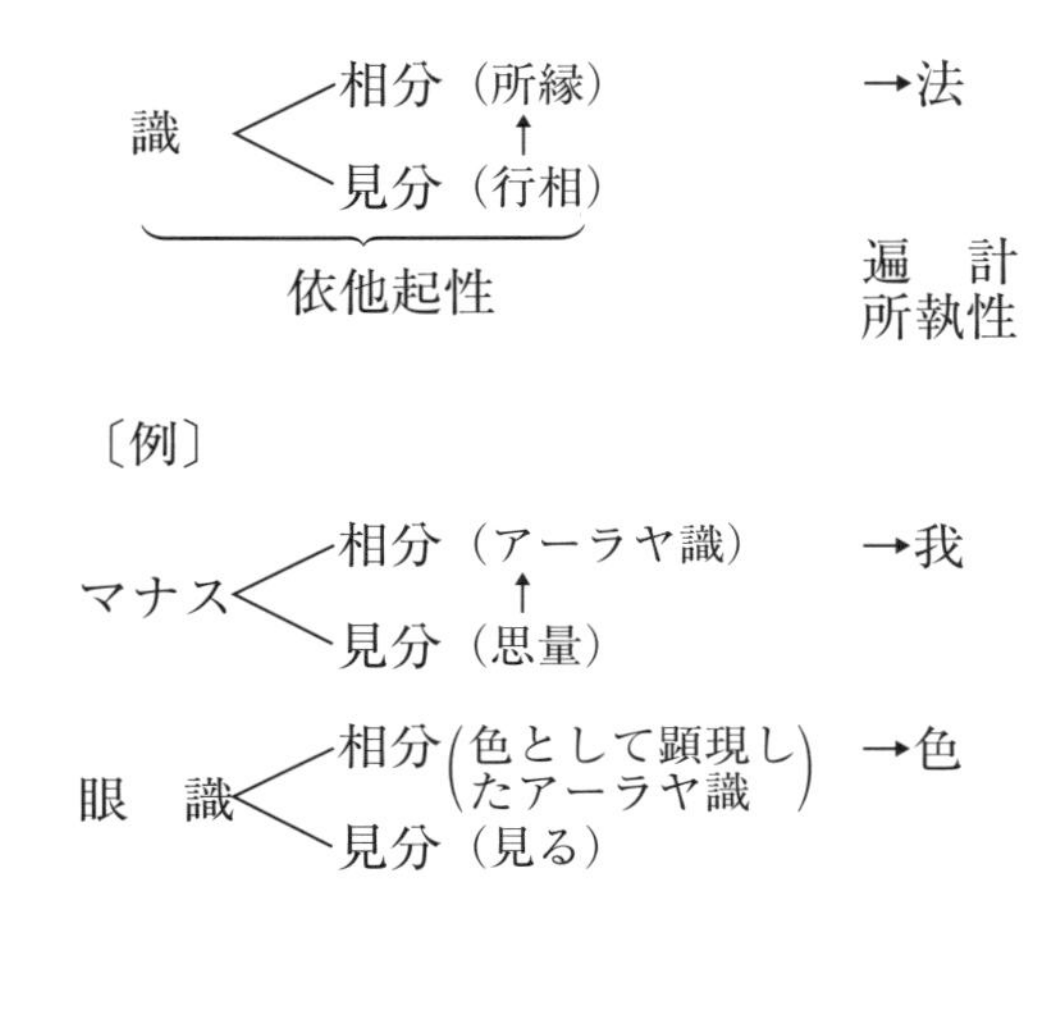

ということになりましょうか。しかし、この点は唯識論の内部でいろいろ異なった見解もあったようで、それが後代の論争を引き起こしています。たとえば前から問題としていたアーカーラ（行相）のことで、それが識に本来固有であるという立場（有相）と、

識自体は純粋精神とでもいうべく、対象に応じてアーカーラをもつだけで、固有のアーカーラはないという説（無相）との対立などです。この後者の立場では、所取・能取はともに徹底して仮構された存在ということになります。

転変のメカニズム

この、アーラヤ識と思量や了別による七種の転識とのあいだの相互的因果関係は、安慧の注釈では次のように説明されています。すなわち、

「転変は因の場合と、果の場合とに分けられる。そのうち、因転変（すなわち、転変して因の状態――潜勢態となる転変）は、異熟の習気（じっけ）と等流（とうる）の習気がアーラヤ識のなかに成長すること。果転変（すなわち、転変して果すなわち顕勢態を現象すること）とは、異熟習気がはたらきを得るので、前世の業の牽引（けんいん）が成満したとき、アーラヤ識が他の個体（衆同分（しゅどうぶん））として生ずること、および、等流の習気がはたらきを得るので、各種の転識（すなわち六種の対象を了別する識）と、染汚の意（すなわち思量のはたらき）がアーラヤ識から生ずることである。」

ここで、「異熟」と「等流」といっておりますのは、因果関係（とくに異時すなわち時間的に異なる位序における因果関係）のあり方として、因と果とが性質を異にする関係を「異熟」、因と果とが同性質の場合を「等流」といいます。

具体的にいうと「異熟」は、善因楽果、悪因苦果というような道徳上の因（善悪）と果（無記）の関係で、これは衆生の一生という長いタームにおいて力を発揮するとされています（もちろん、因果関係は刹那ごとなのですが、潜在的にアーラヤ識の内部に貯えられつづけるということです）。一方、「等流」の関係というのは刹那刹那の識と識との関係でアーラヤ識と思量、ならびに了別の作用とのあいだではたらくもので、その性質は善悪とは関係のない無記なるものと規定されております。

別の言い方をすると、了別の機能をもつ六識には、等流の習気と、異熟の習気の両方がありえますが、思量のはたらきはただ等流の習気だけをのこすとされています。その異熟か等流かということは結局、それぞれの識に伴なう心作用によって決まることで、識自体は無記であるということになりましょう。

なお習気というのは、前にも説明しましたが、ある作用があったとき、そののこす力で、これが次刹那の作用を引き起こす力をもっているという点で、サンスカーラともいわれ、また、植物の種子にもたとえられ、種子（ビージャ）の名でもよばれるものです。そして、アーラヤ識はそうした種々の習気すなわち種子の貯え場所として、アーラヤ（蔵、倉庫）の名を得、また、一切種子識ともよばれているのです。

さて、因転変と果転変とは（『成唯識論』では「因能変」と「果能変」。能変とは転変するはたらきをさす。その結果を意味する「所変」にたいする）、このように、相互に方向の異なる、しかし、同時に成立するはたらきということで、しかも、その全体が次刹那にたいして影響力をもつ。その影響力とは習気であり、次刹那の識から見ると種子とよばれます。

『成唯識論』にもとづく伝統的な唯識学では、右の関係を、種子と現行（顕勢態としての七識）として、因転変に当るものを「現行熏種子」、果転変に当るものを「種子生現行」とよびます。それにたいし次刹那との連続は「種子生種子」とよんでおります。

アーラヤ識の役割

アーラヤ識は種子の貯え場所といいましたが、実際はこの種子がその内容であって、そのほかにアーラヤ識という殻があるわけではありません。アーラヤ識とは種子のかたまりなのです。すなわち、アーラヤ識とは顕勢となっていない状態で、刹那ごとの相続をつづけることになります。つまり、アーラヤ識とは潜在意識、ないし、深層意識といってよいでしょう。

このアーラヤ識について、テキストはいろいろの規定を説いております。

(三種の転変とは) 異熟と、思量と称せられるものと、境の了別とである。
そのなかで、異熟とはアーラヤとよばれる識のことで、一切の種子を有するものである。(第二偈)

前半はすでに説明をすませましたが、アーラヤ識がなぜ「異熟」と性格づけられているかについては、まだ説明を忘れていました。「異熟」の意味はまえに説明したとおりで、因と果とが性格を異にすること、とくに善悪などの性質についていうわけです。アーラヤ識は、善悪どんな性質の顕勢態の識の習気を受けても、それ自体は無記である点で、異熟というわけですが、とくにこれは、業との関係で、生まれてから死に至るまでの識の相続がアーラヤ識によって行なわれること、その一生のはじまりにおいて、すなわち托胎の瞬間にアーラヤ識が前生の業を背負って、そこに付着して、新しい生命体がはじまる点に着目して、この名があるのです。

逆にいうと、アーラヤ識は、輪廻転生におけるある種の連続性（これを「結生相続（けっしょうそうぞく）」とよびます）を説明すべく仮定されたひとつの原理なのです。すなわち、ヒンドゥーの正統派とちがって、輪廻の主体として、永遠不変に存続する我（アートマン）の存在を仏教では認めませんので、それにもかかわらず、どうして、前生との間の連続性を説明できるのか、という積年の課題にたいする一種の解答としてあみだされた仮説というべきものなのです。要するに、アーラヤ識は過去世の善悪の業の習気の担い手であるということです。

これと関連して、アーラヤ識にはもうひとつ重要な役目があります。それは、生まれてから（あるいは托胎の瞬間から）死の瞬間まで、アーラヤ識が自体を一つにまとめ、維持して個体としての同一性（衆同分）を存続させる役を担っているということです。この、身体をまとめ、維持して、個体の存続を成り立たせる機能をアーダーナ（執持）とよびますので、アーラヤ識はまたアーダーナ識ともよばれているのです。このアーダーナ識という名は『解深密経』で使われていた名です。

なぜ、このような機能をアーラヤ識に負わせたかというと、たとえば気絶してあとで息をふきかえした場合など、その前後の同一個体の連続性を考えたとき、表層的な意識だけで論じると、そのはたらきに断絶があるので、どうしても一種の潜在意識の存続を考える必要があったのでしょう。同様のことは、最高の禅定としての滅尽定――そこでは通常の意識のはたらきはもはやないとされています――の場合についても該当します。

なお、身体をまとめ、維持するということは、そこに命根があり、寿（アーユス）があり、体熱（煖）があって有機的に機能している状態を保つことを意味します。したがって、死というのは、その維持機能が、その個体から失なわれ、身体の諸要素がばらばらになった状態、命根・寿・体温の喪失ということで知られますが、それはアーラヤ識がその個体から出ていった瞬間におとずれるものとされています。これは、単に意識が不明瞭になったということではないでしょう。

現代の問題にからめていうと、アーラヤ識は一種の潜在意識といえますから、意識活動の喪失をもって死と考えるという点では、脳死（脳幹死）に相当するようですが、現象的には、煖、すなわち体温の喪失などを死の目じるしとしておりますから、その点では心臓死の方に相当するというべきでしょう。

いずれにしても古代インド人の知識では、脳の機能というものはほとんど知られておりませんし、心臓の機能もわかってはいなかったのではないでしょうか。その点では、仏教としては脳死を死とするかどうかという議論はあまり妥当な問いではないように思います。現象的には、体温がなくなることをもって死とみなし、死ねば、その身体は次第に腐敗してまいりますから、生きているあいだはなんらかの身体の維持機能があったと考え、この機能をアーラヤ識に托したということでしょう。

アーラヤ識にはこのように、瞬間ごとの、顕勢態の識とのあいだの相互的因果関係と、その習気の担い手としての異なる瞬間との連続性、そして、その延長としての一生を単位とする心相続（個人存在）に自己同一性を与え、かつ、身体機能を維持する機能を担うという、多様な面を托されております。しかも、その性格としては、輪廻を持続させるはたらきでありますから、仏教の修行上の要請からいうと、なくさなければならない存在です。

　そこで、アーラヤ識は、阿羅漢（あらかん）の位になったときには、アーラヤ識を構成している種子（有漏（うろ）の種子――煩悩を生む種子）がすっかり尽きますので、したがって、アーラヤ識としての性格を失なうことになります。つまり、もはや、他の生に再生する力を失なうことになります。（ただし、これは、さきに言いました、個体の維持機能とは別の話。阿羅漢になったときとは、識が智に転換したときです。）

　なお、「転変」という概念を、『中辺分別論』などでいう「顕現」（似現（じげん））とくらべますと、顕現というときは、識と対象とのあいだで、一方的に識から対象、所縁（対境・衆生・我・了別）へという関係だけが考えられていて、対象から識への方向は説明できないのにたいし、転変はその相互関係と、時間的前後関係のすべてを同一語で説明できるという特長をもっていて、この点、すばらしい発明だったと思われます。

マナスの役割

第二種の転変としての「思量」のはたらきにうつります。

意（マナス）と名づける識が、それ（＝アーラヤ識）に依止し、それ（＝アーラヤ識）を所縁（しょえん）として起こる。（これは）思量を性とするものである。（第五偈）

「意（マナス）と名づける識」を玄奘は「末那識（まなしき）」と訳しています。これは「意識」（マノー・ヴィジュニャーナ）という第六識と区別するための名のつけ方で、そちらのほうは「意による識」という意味、こちらは「意なる識」の意味といわれております。「末那識」はまた第七識ともよばれております。

この「マナスとよばれる識」すなわち「マナス」が生起する、すなわち、現行（げんぎょう）してその独自の認識作用を起こすには、そのよりどころをアーラヤ識（にある習気）に求めるわけですが、もうひとつ、このマナスの認識機能の特色は、そのアーラヤ識を所縁すなわち認識の対象としているということです。これはどういうことかというと、このマナスは、アーラヤ識を「我」アートマンだと誤認するのがそのはたらきだというのです。つまり、このマナスこそは自我意識にほかなりません。『中辺分別論』はこれを「我として の顕現」と表現していたわけです。また、『三十頌』の最初の偈でいえば、我を仮説するはたらきは、このマナスを通じてであることになります。つぎに「思量」というのはマナナを原語としますが、これはマナスという認識機能の特色を、その語源（マン、思う、考える）に即して説明したことばです。

以上が、マナスの基本的性格（所依と所縁と自性＝行相）ですが、その具体的な機能がそれに伴なう心作用の名によって示されます。

（このマナスは）四種の有覆無記性の煩悩につねに伴なわれている。（四種の煩悩とは）我見と我癡と我慢と我愛とである。（第六偈）

「我見」は「有身見」ともいい、我があるとする見方、「我癡」は我に関する無知、「我慢」は「私はなになにです」と思うこと、およびそれによって心が高ぶること（慢）。

ついでにいうと、今日私どもが日本語で「我慢する」というのは、もとはこのことばから出ているのですが、意味はすっかり変わってしまっています。ここの「我慢」はどちらかというと「自慢」に近い内容です。次の「我愛」はわが身可愛やという思いです。

以上の四つは、修行をさまたげ、さとりをさまたげる煩悩ですから、これを伴なっているマナスは「汚れたマナス」とよばれることになります。また、そのことが「有覆」（覆われた）ということばで示されています。しかし、善悪とは直接には規定できないので「無記」であります。これはアーラヤ識も同じでしたが、アーラヤ識には煩悩の心作用は伴なわれていませんので、「無覆無記（むぶくむき）」と規定されております（説明は省略しましたが）。

「汚れたマナス」であるということは理論上、さとりにおいては（その同じ状態では）はたらかないのはもちろん、出世間の修行道においても（無漏ですから）機能しないことになります。また、いわゆる無意識の状態では（これは汚れているかいなかにかかわらず）機能していない道理ですから「滅尽定」においても機能しない。しかし、定に入る前後の意識の連続性は、アーラヤ識によって保たれるとされております。

こうした説明はきわめて形式的ですが、逆にいうと、こうした場合の機能のあり方を、満足して説明できるひとつの仮説として、潜在意識でもなく、さりとて通常の認識機能すなわち眼耳鼻舌身意の六識でもないものを独立して立てる必要があったわけです。

二　識の機能

唯識説における識

ここで、唯識学での「識」についての一般的な規定がどうなっているかについて簡単に説明しておきたいと思います。その由来するところはアビダルマの教学における規定にありますが、アビダルマの教学の常として、すべて理論的な斉合性を求めます。アビダルマの場合は「識」は六識だけでしたから、その範囲で、その機能が決められていました。

たとえば、「眼識」は、眼根を所依として、色（いろ、かたち）を所縁としてはたらく認識作用であり、同様に「意識」とは、意（マナス）を所依として、法を所縁としてはたらく認識作用というわけです。またその機能の特質すなわち行相（アーカーラ）としては、眼識なら「見る」、耳識なら「聞く」などということで、意識については、分別すなわち判断ということになりましょう。こうした一般的な規定は、唯識学でもだいたいそのまま継承されております。（眼根などについての本質規定は、唯識説の立場上、法の実在論をとるアビダルマの教学とはまったく異なりますが。）

以上の所依、所縁、行相とならんで、もう一つの不可欠の規定は、識は必ず心所すなわち心作用を伴なっている（相応）ということです。『中辺分別論』で「虚妄分別とは三界の心・心所である」とあったとおり、その心所すなわち個別的な心作用を合わせた全体が、通常われわれのいう心なのです。そして、この心作用の質によって、心（すなわち識）の性格も善とか不善あるいは無記と決まるというのです。

『倶舎論』ではそのような心作用を四十六種挙げ、それらを、基本的な心作用（大地法）とか、善あるいは不善な心作用、煩悩としてはたらく心作用、どれとも規定できないもの、などに分けております。唯識学もそのような分類を基本的にはうけつぎながら、若干の変更を加えております。そうした六識に伴なう個々の心作用については、『三十頌』では、第三の転変としての「了別」の項で詳しく論じております。

アーラヤ識の機能

このアビダルマ教学以来の伝統的な識に関する一般規定を、唯識学で新たに設定した「汚れたマナス」について、また、さらにその根元となるアーラヤ識についてもあてはめなければならないという考えがあったのです。マナスについてはいま述べたとおりですが、実はアーラヤ識についても同様の規定があったわけです。その説明をいままで省略してきましたので、ここでふりかえっておきましょう。その規定は第三偈でつぎのようにいっているものです。

そして、それ（＝アーラヤ識）は感知できない執受と住処との了別を有し、つねに触と作意と受と想と思（という五つの心作用）に伴なわれている。（第三偈）

アーラヤ識も識であるかぎりは、所縁があり行相がある道理であるが、しかし、それは潜在的に機能していますから、通常の六識のように、それといって顕著なものがない。そこで、その性格は感知できない（アサンヴィディタカ）としかいいようがない。これはもっともなことですが、それにしてもなければならない。行相としては、識であるから、なんらかの「了別」作用ということでその了別の内容が所縁で決まるわけです。そこで、所縁となるのは「執受（しゅうじゅ）」と「処（しょ）」ということになり、そこにアーラヤ識の特色があることとなります。

個人存在の仮構

ここに新しく、やっかいなことばが出てきました。この「執受」とはいったいなにものか、「処」とはなにか。「執受」はウパーダーナが正式の術語（詩句ではウパーディとありますが）で、その原語は十二支縁起の「取（しゅ）」と同じです。縁起の一項としての「取」は渇愛によって生じて、その欲を増長して執着とするはたらきであり、直接に「有」すなわち輪廻の生存を引き起こす原因とされております。したがって、「取がなければ涅槃に入る」ともいわれております。ここのウパーダーナはそれとは別ですが、元来はそれと意味上のつながりがあると考えられます。というのはアーラヤ識も輪廻生存をつづける主体としての機能を担っており、それはこの「執受」を所縁として「取ることによって」成立していると考えられるからです。

しかし、理論上より密接な関係があるのは、例の『中論』の「因りての施設」です。あそこで「因りて」とあった原語はウパーダーヤで、ここと同じ「取る」という動詞ウパーダーから作られた連続体（あるいは動名詞、英語の gerund）です。そこでの意味は、『倶舎論』「破我品」にもある例でいうと、「我」という観念は、「五蘊に因って我を施設する」と説明されていました。

これを、「五蘊を取って、我とみなす」と表現してもよい道理です。その場合、五蘊は我の観念の素材となっているわけです。そのような素材という意味が、このウパーダーナにはあります。そこで、「五蘊を取って我とみなす」をもう一度言い直すと「五蘊を素材としてアートマンの観念が生ずる」ということもできましょう。

そうすると、五蘊は「取られたもの」、だれが取るかということは『倶舎論』には出ておりません。唯識説はそこを問題としたわけで、我の観念についていうならば、マナスがアーラヤ識を素材として、我の観念をつくりあげるということになりましょう。したがって、素材としてのウパーダーナというのは識にとっては「所縁」というのとほとんど変わりないことになります。

そこで、いまの場合でいうと、アーラヤ識はなんらかの素材を取って、なんらかのイメージをつくりあげていることになります。取るはたらき（これもウパーダーナとよばれます）をするのはアーラヤ識で、アーラヤ識によって「取られた」ものがまたウパーダーナ（素材）とよばれ、「執受」と訳されているのです。

ではその「執受」とはいったいなにものか。安慧の注釈や『成唯識論』のいうところをまとめると、「執受」というのは、アーラヤ識によって了別された形（つまり、通常いう所縁としての形）でいうと、個体存在としてまとまっているもの、すなわち、各種の感官（根）とその土台（所依）となる身体（これはいずれも「色」すなわち物質とみなされているもの）――これを『成唯識論』で「有根身」と訳しています――および、その個体に付属しているとみなされる各種の精神作用（これは「名」とよばれております）の二つです。（合わせて、「名」と「色」すなわち「名色」であることに御注目ください。）

この場合、アーラヤ識はこの二つを合わせたものを、まだ「我」だと意識するわけではないのですが、それがひとつのまとまりのある個体であることを認識する。つまり、これはアーラヤ識によって個体がまとめられ、執持されるとまえに説明した事態の説明ともなっているのです。それを、アーラヤ識は、その執受した（すなわち執持した）対象と「安危を一つにする」すなわち、一体感をもつといっております。別の言い方をすれば、それ（有根身）を身内と考えるわけです。

しかし、唯識の理論によれば、そうした感官を具えた身体が外界に実在しないのですから、その実態はなにかというと、それは我および、その個体にかかわるかぎりの諸法を分別（＝了別）する機能（これはまえまえからいうとおり、汚れたマナスと、六識の作用）が引き起こした習気にほかならないというのです。それがアーラヤ識のはたらきを起こす素材としてのウパーダーナです。習気はつぎの認識活動を引き起こす点では種子とよばれますから、なんのことはない、アーラヤ識の実質を構成している内容です。アーラヤ識はかつてみずから現わし出した像の習気を素材としてつぎの認識活動を行なっているのですから、言ってみれば、識の自己生殖で、これが「識の転変」といわれているものです。

外界の仮構

それでは、もうひとつの「感知できない所縁」といわれていた「処」(住処)とはなにかというと、これは「器世間(きせけん)」といわれていますが、要するに、われわれが通常、自己自身以外の外界と考えている存在です。つまり、内なる存在としての「執受」にたいして、外なる存在一般でしょう。このなかに他人の個体も入るのかどうか(これは通常「有情世間(うじょうせけん)」とよばれて、器世間から区別されております)、ちょっとわかりにくいのですが、ここでは少なくとも他者の身体(や感官)はふくめられていると見てよいでしょう。

ところで、そのような外界の対象は、唯識の理論からすれば、しょせんは「虚妄分別」によって、色(しき)などとして顕現しただけのものです。したがって、その実態は、色などとして妄分別した習気として、アーラヤ識のなかに貯えられたものにほかならないでしょう。そうしますと、さきにいった執受とどこがちがうのか。これは結局、内すなわち、ある個体存在の自体にかかわるか、他者および外界という外なるものにかかわるかのちがいだけとなるでしょう。内外を合わせると、一切の「名色」ということになります。それが識の所縁であることは十二支縁起の「識によりて名色あり」および、阿含の一部に見られる「名色によって識あり」をふまえた相互の因果関係ということになりましょう。まさに阿含の経典がいい、また『摂大乗論』が引用している「束蘆の喩」のとおりで、識と名色との相互関係を表わしているのにほかなりません。図示すればこういうことです。

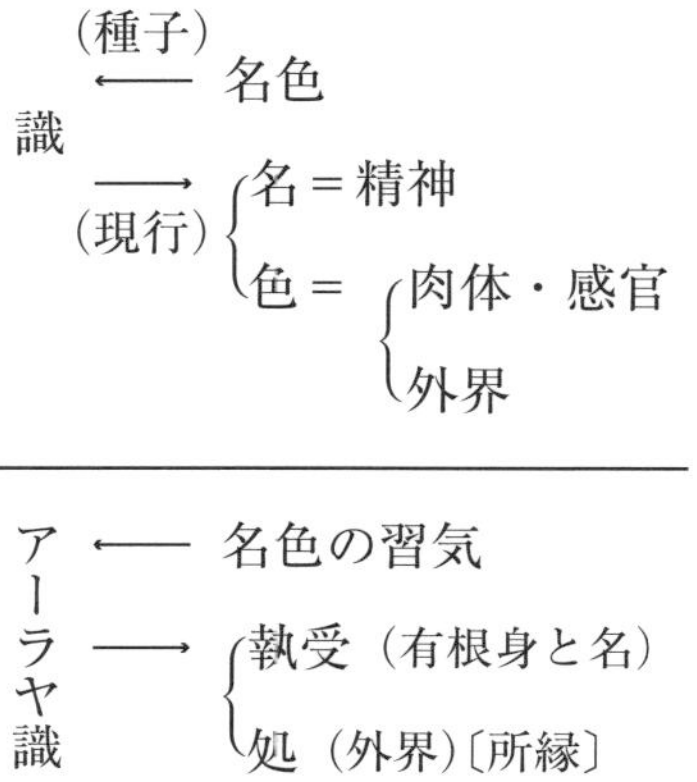

識
（種子）← 名色
→（現行）
- 名＝精神
- 色＝
  - 肉体・感官
  - 外界

アーラヤ識
← 名色の習気
→
- 執受（有根身と名）
- 処（外界）〔所縁〕

アーラヤ識と心作用

つぎに心作用との結びつき——これを「相応」とよびます——に関しては、「触」以下の五種の心作用が挙げられておりますが、これらは「遍行」すなわち、いついかなる場合にも、衆生がどんな状態にあっても、つねに心（あるいは識）のはたらくところには、必ず見られる心作用とされているものです。アーラヤ識も、たとえ感知できないほど不分明でも、識として機能している以上は当然、これらの「遍行」の心作用があるはずとの理論的要請によるものです。

なお、これらの五種は、『倶舎論』では「大地法」とよばれていた心作用のなかにふくまれているものです。すでにアーラヤ識にある以上、汚れたマナスにも、前六識にも存在することは当然ということになります。他方、汚れたマナスや六識に特有の心作用群は、アーラヤ識にはないわけで、善や不善、煩悩などのはたらきをもつ心作用が一切アーラヤ識にありませんので、アーラヤ識は「無覆無記」と規定されるわけです。五つの遍行の心所のいちいちについての説明は、時間がありませんので省略させていただきます。

三　個体の存続と輪廻転生

最後に唯識説で輪廻転生がどう説明されるのか、もう一度、まとめておきたいと思います。

自己の同一性

われわれが私自身と考えている存在、すなわち生まれてから死ぬまで自己同一を保っているとみなされている個体は、刹那ごとに生滅をくりかえす（すなわち、刹那滅の）識の継起したものにすぎない。それが自己同一を保つ個体であるかに見えるのは、アーラヤ識が自体や感官となる諸要素をまとめ、統べているからで、しかも、その身体とか感官といわれているものが、じつは過去において仮構して、物質と考えたことの習気で、それがアーラヤ識の実質を構成している。アーラヤ識は刹那ごとに、習気（種子）を顕勢化するはたらきと、顕勢化した対象認識の習気を受けるはたらきをくりかえしつつ、つぎの刹那の識をつくりあげては変化しつつ継起する。このように、われわれの存在というのは、われわれの個々の意識ごとにその内容を異にする識の継起にほかならない。

この顕勢的な識の継起は、汚れたマナスという自我意識と、対象分別としての六識の各刹那における顕現にほかならないが、そこに連続性があるごとくに見られるのは、アーラヤ識のはたらきであって、決して、マナスや六識が刹那ごとの継起をつづけているわけではない。アーラヤ識という潜勢的な意識の機能を想定しないかぎり、この刹那ごとの継起性と、自己同一を保っていると見られる類似性は考えられない。この刹那ごとにつぎの刹那に影響を与える力は、広く、潜勢力（行）とよばれ、また、業といわれていることであって、各刹那の識の性格は、この業によって決まるのである。

単に刹那ごとの変化と持続性だけでなく、一生といわれる長いタームにおいても、業の力ははたらき、むしろ、そのほうが、業の業たるゆえんであり、その影響力が、刹那ごとに顕勢化することなく、一定の量に達したとき、刹那ごとの変化とは異なったドラスティックな大変化が起きる。それが死であって、そのような潜在力もやはりアーラヤ識のなかに種子として貯えられつづけ、飽和状態になったときにアーラヤ識のまとめる力を超え、ために個体としての統一性は失われる。こうしてひとたび分裂しても、識としてのはたらきはつづき、習気の条件しだいで、つぎの生に転生する。——

この状態について、『唯識三十頌』はつぎのようにいっております。

識はじつに一切の種子を有するものである。その転変は更互の力から、あのよう、このように行なわれる。それによって、あれこれの妄分別が起こる。(第一八偈)

業の諸習気は、二取の習気に伴なって、まえの異熟が尽きたときに、他の異熟たるそれを生ずる。(第一九偈)

唯識と輪廻

考えてみますと、十二縁起の各項というのは、外界の客観的存在を意味しているものはひとつもありません。ひとつだけ問題となるのは識の対象となる名色です。この名色を認識の対象として、認識主体のほかにあると考えれば、それ以後の各項は、それにたいする主体の側の相応する心所による意識の変化と見ることができます。「触」以下

「受」「渇愛」は明らかに心作用を示すことばですから、つねになんらかの対象が予想されております。その対象たるものが、識によって生み出された名色だとすれば、名色もしょせんは外界の存在でなく、意識内容としての対象にすぎなくなるでしょう。

第二支の「行」というもの、これがまさに業であり、習気であり、種子で、一切の継起を起こす原動力です。そして、その業が力をもつのは、まさに無明のゆえ、つまり、真実にたいする無知のゆえだということで、無明が出発点となっていますが、そこに現にあり機能しているのは各人の識にほかなりませんから、十二支縁起は結局、識を中心とし、識をかなめとするものということになるでしょう。これが『華厳経』の「唯心」の意味だったのです。そして、唯識説もまさにそれを継承しておりますから、その唯識という意味は、縁起は識の転変にほかならないということになります。そして、通常の識の転変は、無明にもとづいていて、それによって生死輪廻があるのですから、無明さえなくなれば、生死輪廻もまた解消する道理です。

無明にもとづかない識は、とくに智（すなわち無明の反対、明と同じ）とよばれます。しかし、その実質はやはり、その智を実現させる主体の識自体である道理です。それはあいかわらず転変をつづけるはずですが、しかし、苦という結果を生まないのです。唯識説は、このような、識の転換した姿としての智のはたらきを各人が所有することを願っての、現実の心の解釈、解析だったのです。唯識ということばの意味も、結局、そこに帰着するでしょう。認識される対象の客観的非実在を主張することが、その目的であったとは思われません。

世親以後、唯識学は、認識の構造・機能についての理論的な分析にその重点をうつしていきます。そして、認識作用と認識内容（認識の結果）とは同じであり、したがって、認識とは自己認識にほかならないというような結論を出してまいりますが、その認識を成立させるためには、外界の対象が実在していても、実在しなくても、可能であるということで、外界実在論者も、外界非実在論者もともに論争に参加できるような共通の場として、認識論を確立していくわけです。その正邪の基準としては、その認識が有効な結果を生むかいなかということだけになります。ここに、唯識説は「識説」ヴィジュニャーナ・ヴァーダに変貌をとげることになります。

第六章　唯識の修行論

以上、五章にわたって「唯識」とはなにか、どういう、ものの見方なのか、ということをお話ししてきましたが、話が歴史的に前後したり、重複があったりして、わかりにくい点があったかと思います。その一方では、まだ言い落としたこともあり、時間の都合で言いのこしたこともいろいろとあります。そこで、以下、いままで述べましたことのまとめと、言いのこしたこととの補いを少し加えさせていただきます。

本書でのわたくしの採った方法は、唯識ということをその説の成立の歴史に沿って説明するというものです。ただ、お話の導入のため、わたくしどもに身近な唯識説の伝統、すなわち法相宗（ほっそうしゅう）の教義の基本となっている世親（せしん）の学説を考察の起点としたものですから、歴史的にも前後が逆となる場合も生じました。そこで、要点をもう少し歴史的に整理してみようと思います。

まず、唯識説といわれる学説は、

㈠アーラヤ識を基本とする識の体系

㈡一切法についての見方としての三性説

㈢唯識観（一切法は識の現わし出したものにほかならないという見方）の体得

という三本の柱から成り立っています。

この学説は、竜樹によって大乗の空思想（一切法は空であるという見方）が確立したあとで、瑜伽行派とよばれる人々のあいだで次第に形成された思想で、『華厳経』「十地品」で説かれていた「三界は唯心」「十二因縁分はただ一心によっている」という教えにもとづいて、その唯心の理の観得の方法として発達した。すなわち、瑜伽行派は唯識観をその観法（瑜伽行）の基本とする学派です。

この唯識観（あるいは三界唯心ということ）を理論的に説明するべく、一切法については迷悟によって三種の見方があるという学説が立てられ、それが竜樹のいう「一切法は縁起したもので、空である」という説を展開するものであることが標榜されました。一方、生死輪廻のかなめとなる識の性格についての考察もすすみ、個体存続、心身の維持者、業の担い手としてアーラヤ識の説が発達します。これと認識の主体、三性の見方の転換のかなめとなる識の機能の考察が加わって、唯識の学説が完成します。

この唯識説の三本の柱は、『解深密経』『摂大乗論』を経て『唯識三十頌』によって確立されます。しかし『瑜伽師地論』や『大乗荘厳経論』『中辺分別論』などでは散発的に説かれるか、識説が未完成であるなど、不十分な点があります。これらの典籍の成立順序などについてはいろいろと細かい問題があるのですが、概していえば、無著が、弥勒造といわれるいろいろの経論の説を伝承して、これを組織化して『摂大乗論』を著わし、世親がさらに、そのなかの識の機能論を最後に完成したということになるでしょう。

以上の歴史的な展開を視野において、竜樹の説く縁起・空性・仮・中道の批判的継承を標榜する『中辺分別論』を手がかりとして、三性説と唯識性への悟入について解説し、そのあとで、完成された識説として世親の『唯識三十頌』の識の転変論、とくにアーラヤ識とマナ識の機能について、ごく基本的な点の説明をいたしました。これで唯識説の三本の柱についてはいちおう解説は終わったことになり、したがって「唯識とはどういうことか」という問いにたいする入門的な解答はすんだといえるであろうと思います。

一　修行の階梯

さとりへの道のり

しかし、唯識説が課題としてはまだまだ説明していないところがだいぶあります。序章でふれましたように、瑜伽行派はこの唯識説の完成をめざす実践の体系を『華厳経』の説く菩薩の十地説の上に位置づけ、アビダルマ教学の修行体系とも結びつけて、五位の体系――資糧位・加行位・見道位・修道位・究竟道位――を仕上げます。それによると、加行位（これはまた勝解行地ともよばれ、四種通達分ともいわれますが、『倶舎論』でいう賢位の四善根位に相当します）の最終段階において唯識観を修した直後に唯識性に悟入する。それによって菩薩の初地見道位を得るとされております。またこの時、無分別智が獲得され、識の機能が智のはたらきに転化します。これを転識得智といいますが、また「転依」すなわち「所依の転換（あるいは変貌）」と説明します。しかし、修行はそれだけで終わるのではなく、すすんで十地の一段一段を登っていって、最後の究竟道に達し、そして仏地に入るわけです。

その修行完成までの年数を、一般に三阿僧祇劫（略して三祇）かかると言います。劫は人間の一生としても、その無数倍。（阿僧祇は無数という意味で「数えきれないほど多くの」というのが原意ですが、数の単位とすると十の六十二乗ほどになります。）まず初地に入るまでに一阿僧祇劫を要し、次に七地に登るまでに次の一阿僧祇劫かかり、そのあと十地を満たすまでにまた一阿僧祇劫かかるので、つごう三阿僧祇劫を要するというのです。これは唯識説の独自の説というよりはインドの大乗仏教に通有の説で、一般にこれを「三祇成仏」の説といい、のちに密教において成立する「即身成仏」説と対蹠的な見方を示しています。

しかし、この説の背後には、菩薩は大悲心によって衆生済度のために永遠に成仏しないという考え方があります。必ずしも修行が難しくてなかなか仏の位に入れないというだけの理由ではありません。この大悲心にもとづく利他行の実践ということは、六波羅蜜を実践道の基本とすることですが、大乗の三学としての増上戒学・増上心学・増上慧学の説のなかにも示されております。たとえば増上戒学では、止悪と勧善のほかに摂衆生戒（摂衆生饒益戒）を立て、衆生の成熟のためにつとめることを強調しております。また増上慧学では、さきほど申しました無分別智の修習と、それにもとづく後得世間智を修習することを説きますが、後者が、この世にあって衆生の利益のためにはたらく智のことです。

なお、無分別智というのは般若波羅蜜にほかならないと明言されております。したがって、無分別智とその後得智というのは元来は仏のさとりの智と、説法など覚他の仏業を通じて示される、大悲にもとづく智を表したものです。菩薩はその仏の智恵と慈悲とを学ぶことを要求されるわけです。

そして、その結果として、菩薩の実現する世界は「無住処涅槃」とよばれます。「無住処」とは、菩薩はその智恵（無分別智）の完成によって、煩悩を断ち、生死の世界にはとどまらない（不住）。しかし、その慈悲心のゆえに、涅槃の世界には入らない（不住涅槃）というもので、唯識性に悟入した後もなお、世間にあって活躍しつづけることを理想、目的としているというのです。

この無住処涅槃を可能とする理論が、さきほどちょっとふれた「転依」もしくは「転識得智」の説です。この説は瑜伽行派のさとりの理論として特色のあることですから、少し説明をしておきます。

心の転換

転依は文字どおりには「依を転ずること」また、その結果で、依（え）、つまり、よりどころというのは、元来は身体のことをいいました。一方、転ずるとは変えること、変わることです。そこで「身を転ずる」というのは性転換、具体的には「女人変成男子」といった教理に用いられていたことばです。唯識説ではそれを意味を変えて宗教的体験としての心の転換を表わすのに用いたのです。

唯識説でも「依」はたしかに個体存在としての身体ですが、唯識の理論でいえば、それにはアーラヤ識の身体維持機能がはたらいて、心身として同一性を保っているもので、要するにそれはアーラヤ識にほかなりません。このアーラヤ識はわれわれの日常的なあり方では、マナスとしてはたらいて自我意識を生み、六識として各種の認識、総じて主客、自他の分別を起こして、それがひいては我執をはじめとするいろいろの煩悩を生み、業を引き起こし、苦を結果しております。アーラヤ識はこのようにして、われわれのけがれた心、生死輪廻を引き起こす心の土台となっております。

しかしその同じアーラヤ識が、仏の教えを聞くことのくりかえしによって生まれる力――これを聞熏習力（もんくんじゅうりき）といいます――がはたらくと、次第にそのけがれた心を起こす力が弱まり、ついにはまったく、アーラヤ識としての機能を失います。つまり、煩悩をもち、業をたくわえ、苦を生むことはもちろん、マナスや六種の認識機能によって自他・主客を分別するということも行なわなくなる。つまり、唯識性に入る。これがさとりであり、涅槃であります。

そのときはもはやアーラヤ識は存在しないというべきでしょう。しかし、このようにアーラヤ識が本来の機能――ひとくちでいえば業・種子をたくわえるはたらき――を失っても、そのさとった修行者にとって、その個体存在がまったく無に帰したわけではありません。そして、そこにはアーラヤ識に代わって無分別智がはたらいております。

無分別智はさらにそれにもとづいて起こる清浄な智として、自他・主客を分別する世間的な慣習にしたがってはたらきます。

この場合、依他起（えたき）つまり縁起した存在としての修行者（菩薩）の心身の統一体はなお存続し、機能している道理ですから、アーラヤ識の身体維持機能はなお有効にはたらいているはずです。そこで心身の統一を支えている点、つまり、「依」（所依）としては同じであるが、その土台の上における機能が識から智へと転換しているので、ここに所依としての性質にも転換が起こったと見るわけです。このことを『摂大乗論』では、

転依とは、〔アーラヤ識の生死の苦を生むはたらきを〕〔法を開き、修行して〕対治するはたらきが完成したとき、依他起であるアーラヤ識がそのけがれたあり方を捨てて、清浄なあり方に変わることである。

と説明しております。

『摂大乗論』はつづけてこの転依が修行の過程で次第に起こること、また菩薩の転依のすぐれていることなどを、六つの観点から述べておりますが、いまは省略します。ただその最後の点、「広大な転換」ということだけを説明しますと、菩薩はみずから転依を

得ると、輪廻生存において自由自在になり、どんな衆生の間にでもその身を現わし、教えを通じて、また、種々の巧みな方便によって、人々を導き、利益すると説いております。

すなわち、その菩薩にとって、生死の苦悩は消滅しておりますから、涅槃を得ている道理ですが、輪廻の世界にそのままとどまっている点で、涅槃に入っていない。これが無住処涅槃とよばれる菩薩のあり方で、そこでは生死と涅槃とはひとつであります。菩薩が転依の完成によって到達する境地はまさにこのような生死即涅槃というあり方なのです。

ブッダの智恵と身体

この菩薩の無住処涅槃のあり方において、それではアーラヤ識やその現実の認識機能、マナスや六識はどのように変わったのか、この点を細かく教えるのが四智(しち)の説で、転識得智は八識が転じて四智を得ることとなります。この説は『摂大乗論』にはありませんが、『仏地経(ぶっちきょう)』という経典にまとめて説かれ、『仏地経論(ぶっちきょうろん)』や『成唯識論』で詳しく解説されております。（漢訳の『大乗荘厳経論』にもありますが、その元来のテキストには転識得智という考え方の基本はありますが、まだ十分に熟してはおりません。）『仏地経論』によってその転換の状況を図示すると、次のようになります。

（清浄法界）

アーラヤ識　　　　　→大円鏡智（円鏡のごとく清浄な智、無分別智）
マナス（末那識）→平等性智（自我意識をすて自他平等とみる智）
第六意識　　　　　→妙観察智（ありのままに事物の相を洞察する智）
前五識　　　　　　→成所作智（衆生済度のために種々の仏業を現ずる智）

大円鏡智（だいえんきょうち）は円鏡のごとく清浄な智で、さとりの無分別智を鏡にたとえたもの。これはアーラヤ識がそうであったように、すべての智の根源として、平等性智（びょうどうしょうち）以下を生み出します。したがって、全体的にいえば、アーラヤ識なる所依が、大円鏡智という所依に変貌したのが転依だということができましょう。『大乗荘厳経論』や『仏地経』は、これを仏の菩提、仏地において実現すると言っておりますから、元来はさとりを得た仏の智恵を表わしたものです。

その仏は真如すなわちもののありのままのすがた――空性・縁起――と一体になった方（如に来至した方＝如来）であり、法を身体としている方という意味で、法身ともよばれます。あるいは仏の仏たるゆえんのものとしてのさとりそのものという意味で仏の自性身とよばれます。その仏の法身・自性身のもつ智恵が大円鏡智とよばれているのです。

平等性智以下は、この仏の法身、自性身がおのずからに具えているところの、積極的なはたらきをもつ智恵、つまり、さとりの後で得られる（後得）清浄な世間智ということになります。そのうち、平等性智はちょうど末那識の転換したものに当り、自我意識に代わって、自他平等の智恵としてはたらき、また、生死と涅槃の平等を知って、大悲を起こします。

次の妙観察智は、意識の転換したものとして、自他・主客を分別するかたちをとってはたらきます（たとえば仏が説法する場合のように）が、もののありのままの姿を知るので、その名がつけられております。この平等性智と妙観察智とは、仏の受用身、あるいは報身とよばれる身体に伴なう智恵で、浄土にあって菩薩たちのために説法したりするはたらきを起こします。

最後の成所作智というのは、眼・耳・鼻・舌・身を通じての五種の認識を行なう点で、アーラヤ識にもとづく五識と同じですが、その性質は五識の転換したものとして、ただひたすら衆生の救済のためにはたらきます。これは仏がわれわれ凡夫のまえに姿をあらわしたとき、すなわち仏の変化身（化身）に伴なっている智恵のはたらきとされております。この仏のもつ四種の智恵と同じものを、菩薩は転依によって獲得し、その力で、生死輪廻の世界にとどまって、仏と同じ衆生済度の事業に邁進するのです。

いま、四智を仏の三つのあり方、法身または自性身、報身または受用身、化身または変化身の三身と結びつけて説明いたしましたが、この仏のあり方を三種に分けてみる説（三身説）もまた瑜伽行派のなかで確立した学説で、これによると、阿弥陀仏など浄土の仏たちは報身または受用身のジャンルに入ることになります。

報身とは阿弥陀仏がかつての法蔵菩薩が本願を立てて修行した結果、その報いとして成った仏という意味、受用身とは、自らさとりを受用し、浄土にあって菩薩たちの受用の対象となる身ということです。この仏身の規定についてはむずかしい問題もありますが、法身が仏の理念一般として普遍的であるのにたいし、具体的な仏のあり方を示すものです。最後の変化身は穢土に化現する仏のことで、これは具体的には釈尊をさしております。

この二種の仏身は目に見える姿・色身をそなえております。それにたいし、法身は純理論的な存在で、すがたもかたちもありません。ただ、法身というあり方なくしては色身はありえないわけです。以上の三身説は『摂大乗論』では最後の章で論じられております。

二　さとりの可能性

さとれない衆生

仏やさとりのことを説明したついでに、瑜伽行派で問題としたもうひとつのこと、そして日本の法相宗が他宗から批判される原因となったことについて触れておきましょう。それはだれがさとりを得るか、あるいはだれが菩薩となる可能性、したがって仏となる可能性をもっているかという問題です。

さとりの可能性は広く仏性とか如来蔵の名でよばれており、大乗仏教は一般にすべての衆生がさとりを得る可能性がある、仏性をもっていると教えるものとみなされております。そのなかで、瑜伽行派の人々は、衆生のなかにはさとりの可能性のないものがあるという主張をもっていました。また、ひとくちにさとりといってもいろいろあり、仏と同じ完全なさとりは、菩薩となったものにだけ可能であり、声聞とか独覚の道を選んだものたちにはそれぞれのさとりはあるが、仏のさとりには至らないとも述べております。

これは衆生をその能力によって区別する説で、成仏の可能な菩薩乗のグループ、独覚となる独覚乗に属するものたち、阿羅漢となることを目標としている声聞乗の人々、そして、まだ修行が至らず、あるいは道に入っていないので、到達点の確定していない衆生（凡夫）、最後に、なにかの原因で絶対に涅槃を得ることのできない運命にある衆生、という五種類に分類します。

そして、それぞれは一種先天的な性質によるとして、この先天的な性質を種姓（ゴートラ）と名づけております。この説は「五姓各別説」ともよばれますが、さとりの可能性を生まれによって決め、あまつさえ、まったくさとりの能力のない存在（無種姓）を認めたことが、他の大乗諸宗から批難されたわけです。

他の大乗諸宗は、たとえば『法華経』では三界の衆生は悉く仏子であると言い、仏の教えはすべてのものを仏になるべく導く仏一乗の教えであると宣言しております。また『無量寿経』によれば、阿弥陀仏の本願は一切衆生をさとらせるまで正覚はとるまいということであったように、一乗がその本来のあり方であると主張します。

また『涅槃経』や『勝鬘経』は一乗ということを理論的におしすすめて、すべての衆生が如来蔵（如来となる胎児）であり、仏性をもっていると宣言して、いわゆる如来蔵思想を確立します。そこではいわばすべての衆生が如来の種姓を先天的にもっていると考えたわけです。

もっとも『般若経』や『華厳経』は三乗の区別のあることを認め、『法華経』でも、方便として仏も以前には三乗を説いたとは言っております。

これにたいし、瑜伽行派ははじめから三乗の区別を是認し、大乗とは菩薩の道であり、菩薩の種姓のものだけに到達可能な道、したがって究極的に三乗は別の目標をもつという意味で「究竟三乗（くきょうさんじょう）」と唱え、『法華経』などが「究竟一乗」と主張するのを批判し、一乗説というのは、まだ三乗の種姓の確定していないものたちを大乗に勧誘するための方便説だとも言っています。

これによると種姓を先天的ということはできず、修行によって一定の段階で確定するものと見ていることになります。したがって、無種姓というのも、仏説を誹謗するとかいったあり方をしている衆生たちについていうだけで、そうした行為がなくなれば無種姓とはよべなくなるという説明もあります。そのへんは同じ瑜伽行派内でも見解は流動的だったようで、なかには如来蔵思想によってすべての衆生に成仏の可能性を認める人人もいたようです。

唯識説と如来蔵思想

しかしその場合でも、瑜伽行派はただ仏性が先天的に存在する、仏となる可能性があるというだけでは満足しません。さとりの究極的な実現にとっては聞法して修行につとめることこそ不可欠であることを主張するわけです。これはまさに瑜伽行派の瑜伽行派たるゆえんでしょう。もちろん如来蔵思想といえども、修行の必要性を無視しているわけではありません。これはたとえば『大乗起信論』の修行論を見てもおわかりいただけるでしょう。ただそこでは万人に具わる真如――心真如（心の真実のあり方）――自体に成仏に向けて人を動かす力を認めています。

これにたいし、瑜伽行派はどちらかというと、そういう理想論ではなく、現実の問題として、われわれの絶望的な状態というものを直視して議論をすすめていくのです。自然状態に放置しておくと、われわれの心は欲望のおもむくままに業を起こし、生死の苦に至りながら、それを悔いることもない。それをなんとかして心を矯め、仏のあり方に少しずつでも近づける必要がある。それを可能とするのが瑜伽行だというわけでしょう。

したがって直接のさとりの原因は、自然状態では迷いの道に進むアーラヤ識のなかに、法を聞くことを通じて、さとりに向けて進むような力（聞熏習の種子）を植えつけることに求めるのです。これが力となって修行の意欲を生み、菩薩としての自覚を生んでやがてその種姓も確立し、仏にならって衆生済度の道をあゆむようになるというわけです。

法相宗では、一切衆生悉有仏性というのは「理仏性」、実践によって確立するのは「行仏性」といって、無種姓というのは後者の立場から言うことであって、決して批難するには当らないと反駁しております。これはまことに一理ある主張で、インドの大乗仏教としてはむしろ主流的な考え方であったかもしれません。

なお、如来蔵思想では唯識説で言う意味の転依、よりどころの転換は成り立ちません。なぜかというと、如来蔵思想ではさとりの原動力は心真如として衆生に本来具わっているというのですから、そしてまよっているのは本来的でない無明がそこにあり、業を起こすからで、この邪魔ものさえなくなれば、心はその本来のあり方を実現する、それがさとりにほかならないというのですから、心自体に変化、転換はないことになります。

これにたいし、アーラヤ識が衆生の本来のあり方、しかし、あるべきあり方ではないとし、そこを出発点とする唯識説では、どうしてもアーラヤ識の自己変革・自己否定がさとりにとっての前提となります。そこを転依と言っているのですから、唯識思想は宗教的回心を重んじる仏教、努力主義の宗教、行の宗教です。

一方、如来蔵思想は、仏から見た理想論として、仏性の根拠も結局は仏の慈悲のはたらきの絶対性に求めることになります。したがって、そこにのこるのは仏からの救済論であり、それにたいする応え（レスポンス）としては信の宗教ということになります。少なくとも出発点に仏性のあることを信ずることからはじまります。唯識説がどちらかというと自己不信、成仏できるかどうか疑うところから出発し、それを行によって確かめようとする（これはなにほどかキリスト教の新教の救済論――神の召命とその確認のための職業の実践――に似ています）のとは対蹠的です。そして、仏の立場からものを見る如来蔵思想は、後に密教の起こるに際して有力な基盤となったように思われます。唯識思想は自己変革の思想、如来蔵思想は本来の自己実現の思想とよんでもよいでしょう。

三　中観派の唯識批判

批判された問題点

最後にこの瑜伽行派の唯識説、そして如来蔵思想にたいして起こされたインドの大乗仏教内部からの批判についても、一言しておきたいと思います。それは申すまでもなく、中観派の空性説からの批判です。その要点は、アーラヤ識とか如来蔵とか、なにやら絶対的な原理を立てて、その実在を主張するのは外教のアートマン説に近く、仏教の無我説に違反するというものです。

御存知のように中観派は竜樹が確立した二諦説（究極的真理と世間的真理）に立脚し、もの（色）もこころ（心）も世間的には有りと認める（仏の教えの領域でも同様）が、究極的には実在しない（空である）と主張し、如来とか菩提とか空性ということでも、究極的実在性は認めません。それにたいし、瑜伽行派では究極的なあり方としての円成実性を「有り」と主張します。真如とか法界、空性、ないし如来、如来の法身、涅槃、菩提などの名で宗教的実在を究極的に（勝義において、第一義的に）あるとします。この点で、中観派と真向から対立します。もっとも中観派が宗教的な実在をまったく認めなかったかどうかは別の問題かと思いますが、少なくとも、それを智の対象とはならないと考えております。唯識説が円成実性を無分別智の対象（所縁）と規定していることを理に合わないとするわけです。

その一方、世間的に外界の対象は存在すると認めますから、その点でまた、唯識説の基本的見解と対立します。そして言うには、『華厳経』の「三界唯心」というのは、外教でものの作者の存在を主張するのを排除し、無我をいうために唯心と説いただけで、決して外界の存在の無を説いたのではないとして、また、したがって唯心というのは方便であるとします。

了義と未了義・有と無

この方便説か究極の説かということは、実は唯識説を主張する『解深密経』が『般若経』の空性説を「未了義（みりょうぎ）」すなわち方便であって、自説こそが「了義（りょうぎ）」すなわち究極の教えと主張したことの裏返しであり、いわば中観派からの巻き返しの主張といってよいでしょう。「了義」にはまた、真実をそのまま表現したという意味があり、逆に「未了義」の教えでは真実は隠されていることになります。

ただ、真実を聞くと驚く人たちのために方便として、つまり、その人たちを真実に導く手段として「未了義」の教えにも意義はあるとします。すなわち、アーラヤ識を説くのは、いきなり一切は空と教えると恐怖する人々（外教のアートマン説に慣れている人々）を誘導するべく説かれた説であるともいいます。これは『解深密経』といえども仏説ですから、むげに否定はできないからです。

有無ということでいうと、中観派はさらに、依他起性としてアーラヤ識が究極的に有る（勝義として有る）ということにたいし、さらにつよく反対します。心も色も世間的な真実としては認めますが、瑜伽行派が色すなわち外界の対象を夢と同じように世間的にも実在しないとする一方、心だけは究極的に実在するというのですから二重に見解を異にすることになります。

これは「勝義として」という意味のとり方のちがいもあるのですが、わたくしの解釈でいえば、『中辺分別論』を『中論』の説と比較したときに述べたように、中観派では「縁起したもの」＝「仮りに有りと表現されたもの」であるのにたいし、唯識説で「縁起したもの」＝「依他起性」＝心（アーラヤ識）と、「仮りに有りと表現されたもの」＝一切の法と我、というように分けたところに見解のわかれめがあったと思います。

しかし、唯識説としてはアーラヤ識は縁起したものと言っているのですから、究極的に在るといっても、我のような不変の実在と見ているわけではなく、唯識性に入るというのは境も識もともに無いことだとしているのですから、その空性を否定しているわけではありません。

ただ、おなじ唯識説でも時代によって変遷があり、時とともに唯識無境説、つまり識だけが実在とする主張がクローズ・アップされてきました。それは識の構造についての認識論的な分析の発達によるもので、まえにもふれましたが、世親のあと、陳那が出て認識の対象は認識の結果として識自身の内部につくられたものであり、したがって、「認識するというのは自己認識にほかならない」という理論を確立したのにはじまります。

中観派が批判を開始するのは、この陳那の説の確立後と推定されておりますので、識の実在性の主張がよほど強烈に映ったのであろうと思います。逆に中観派は非有非無の中とは言いながら、より無の立場に傾いていったのではないかとも思われます。

修行者の実存

アーラヤ識の実在性というのは、わたくしは、さきほど申しました転依、つまり宗教的な転換の主体たるものということ、すなわち、それなくしては迷悟を論ずるのも無意義となる、修行者各自の実存を意味しているものと考えます。

これは如来蔵についても言えることで、如来蔵・仏性というのは修道論的要請としての実在というべきで、決して存在論的に不変の実在というわけではありません。ただし、如来蔵が普遍性を強調され、それだけに実体性を付与される恐れが強いのにたいし、アーラヤ識はより個々の修行者に密着して設定されているといえましょう。実存とよぶゆえんです。

修行者の実存という点では中観派における菩薩も同じように思われます。ただ中観派はそういう主体の問題については一切論じません。それにもかかわらず、たとえば慈悲の問題を取り上げるときなどは、宗教的実存としての菩薩をぬきにしては考えられないことは明らかで、わたくしから見ると、それこそ如来蔵・仏性の具現者としての菩薩像がそこにあると言わざるをえないほどです。要はすべて、「真実を見る」ことを要請されている、この無我なる自己の主体的問題、ということに帰着するのではないでしょうか。

本書は『唯識入門』（一九九二年刊）の改題新版である。

（著者略歴）

高崎直道（たかさき・じきどう）

1926年、東京に生まれる。1950年、東京大学文学部哲学科（印度哲学）卒。東京大学名誉教授、文学博士。2013年逝去。

著書に『如来蔵思想の形成』『インド思想論』『仏教入門』『「大乗起信論」を読む』『仏性とはなにか』『高崎直道著作集』全９巻など多数。

スタディーズ 唯識

二〇一八年四月二〇日 初版第一刷発行

著 者 高崎直道

発行者 澤畑吉和

発行所 株式会社春秋社

東京都千代田区外神田二―一八―六（〒一〇一―〇〇二一）

電話 〇三―三二五五―九六一一

振替 〇〇一八〇―六―二四八六一

http://www.shunjusha.co.jp/

装 幀 美柑和俊

印刷所 信毎書籍印刷株式会社

定価はカバー等に表示してあります

 ISBN 978-4-393-13433-7